KB057570

경제학의 개념어들

경제학의 개념어들

지은이 한진수
초판 1쇄 인쇄 2024년 8월 5일
초판 1쇄 발행 2024년 8월 14일

발행인 박효상　**편집장** 김현　**기획 · 편집** 장경희, 이한경　**디자인** 임정현
편집 · 진행 김효정　**교정 · 교열** 강진홍　**마케팅** 이태호, 이전희　**관리** 김태옥

종이 월드페이퍼　**인쇄 · 제본** 예림인쇄 · 바인딩

출판등록 제10-1835호　**발행처** 사람in
주소 04034 서울시 마포구 양화로 11길 14-10 (서교동) 3F
전화 02) 338-3555(代)　**팩스** 02) 338-3545　**E-mail** saramin@netsgo.com
Website www.saramin.com

ISBN
979-11-7101-096-7 14320
979-11-7101-075-2 (세트)

우아한 지적만보, 기민한 실사구시 사람in

개념어
시리즈

경제학의
개념어들

한진수 지음

140개의 핵심 개념어로 경제학을 읽다

사람in
saram
in.com

경제만큼이나 사람들의 관심이 높은 주제도 많지 않을 겁니다. 남녀노소 할 것 없이 누구나 경제에 관해 의사 결정하며 살아갑니다. 잠잘 때를 제외한 하루 종일이 경제생활의 연속이기 때문입니다. 경제에 관심이 없다면 오히려 비정상이지요.

그렇다면 모든 사람이 웬만한 경제 지식을 갖추고 있어야 할 것입니다. 하지만 현실은 전혀 그렇지 않습니다. 경제가 어렵다며 지레 겁먹고 경제 공부와 아예 담을 쌓는 사람이 많습니다. 경제 관련 기사나 뉴스도 외면합니다. 그럴수록 경제와의 거리가 점점 멀어지는 안타까운 일이 벌어집니다.

그렇다고 경제생활을 하지 않을 순 없습니다. 경제생활은 하기 싫거나 어렵다고 피하거나 하지 않아도 되는 취미 생활이 아닙니다. 삶 자체이기 때문입니다.

경제가 어렵다고 느끼는 배경에는 경제 개념어에 대한 이해 부족이 있습니다. 전문가의 발언, 경제 관련 기사나 서적에는 많은 경제 용어가 나오는데, 용어의 정확한 의미를 모르니 발언이나 기사 내용을 이해하지 못합니다.

따라서 경제 공부의 출발점은 핵심 경제 개념어들을 익히는 것입니다. 경제와 가까워지는 지름길이기도 합니다. 이것이 이 책을 쓰기로 한 동기입니다.

이 책의 구성에 대해 몇 가지 말씀드립니다.

첫째, 세상에 있는 모든 경제 개념어를 단 1권의 책에 담을 수는 없습니다. 그렇기에 일상생활에 좀 더 빈번하게 쓰이며 반드시 알아야 할 핵심 중의 핵심, 기본 중의 기본 경제 개념어와 시사 용어 140개를 엄선했습니다. 그렇다고 해서 이 책에 담은 경제 개념어가 140개에 그치지는 않습니다. 각 핵심 개념어를 설명하면서 반대 개념이나 연계 개념들도 동시에 다루었기 때문입니다. 결과적으로 이 책에 2백 개가 넘는 경제학 개념어를 담았습니다.

둘째, 경제 개념이 어렵게 설명되어 있다면 이해를 위해 다른 참고 서적을 보거나 인터넷 검색을 해야겠지요. 이러한 번거로움을 덜 수 있도록 경제 개념어를 최대한 쉽게 설명했습니다. 각 개념어의 정의와 의미를 간단히 서술하고 해당 개념이나 원리가 쓰이는 구체적 사례와 해설, 배경 등을 부연 설명하여 이해도를 높였습니다.

셋째, 핵심 경제 개념어와 관련 있거나 함께 알면 유익한 개념어가 이 책의 다른 곳에 서술되어 있으면 '연관 개념어'로 제시했습니다. 특정 개념어를 이해하고 연관 개념어도 숙독하면 관련 내용을 폭넓고 체계적으로 이해할 수 있을 겁니다.

경제는 우리가 살아가는 이야기입니다. 모든 사람이 매일 체험하며 느끼는 현상이기도 하지요. 경제라는 말에 지레 겁먹을 필요는 없다는 말입니다. 오르막이 있으면 내리막이 있는 법이지요. 이것이 경기이자 경기 순환입니다. 동네 가게보다 대형 마트가 물건을 싸게 팔 수 있는 이유는 규모가 크면 유리하다는 이른바 규모의 경제 덕분입니다.

속담에도 경제 개념어가 숨어 있습니다. "바늘 가는 데 실 가는" 것은 보완재, "꿩 대신 닭"은 대체재를 가리키고요.

예금자 보호에 관해 잘 알면 시중은행이나 저축은행에 돈을 맡긴 뒤 편안하게 잠들 수 있습니다. 남들처럼 주식 투자에 도전하고 싶지만 종목 선정이 고민스럽다면 ETF를 대안으로 택할 수 있습니다.

이제 경제 개념어를 하나씩 깨는 데 나서봅시다. 아는 만큼 보인다고 했으니, 이 책을 읽으면 경제 세상을 보는 눈이 확장될 것입니다. 여러분이 경제 용어 때문에 답답하거나 손해 보는 일이 사라지길 바랍니다.

한진수

차 례

1장 소비자와 시장

2장 국가와 사회

3장 금융과 재테크

4장 시사와 이슈

1장

소비자와 시장

흔히 경제를 산에 비유한다. 산을 알려면 먼저 산에 있는 나무 한 그루 한 그루를 이해해야 한다. 또한 나무를 이해했다고 해서 산을 완전히 이해했다고 할 순 없다. 나무들이 모여 만든 숲 전체의 모습과 특징을 함께 파악해야 비로소 산에 대한 이해가 완성된다.

경제 영역은 크게 미시경제와 거시경제로 나뉜다. 미시경제는 나무에, 거시경제는 숲에 해당한다. 한 사회를 구성하며 경제활동을 하는 주체에는 크게 가계(개인), 기업, 정부가 있다. 미시경제는 가계, 기업, 정부의 경제활동에 초점을 두고, 이들이 보유 자원을 효율적으로 사용하여 최대 효과를 얻기 위해 합리적으로 선택하는 방법을 분석한다.

이 장의 주제는 미시경제이다. 소비자(수요자)인 가계나 개인, 생산자(공급자)인 기업, 그리고 나라 살림을 책임지는 정부의 다양한 경제활동을 알아보고, 이들 경제 주체가 합리적으로 의사 결정하는 데 도움이 되는 원리들을 제시한다.

이 장의 경제 개념어들은 가계나 소비자의 소비 활동, 기업의 생산 활동, 정부의 재정 활동과 밀접하다. 때로는 소비자, 때로는 기업가, 그리고 때로는 정부 책임자가 되어 어떻게 해야 자원을 효율적으로 사용하고 각자의 목적을 극대화할 수 있는지를 따져본다면 개념어들에 담긴 흥미롭고 유익한 경제 원리에 성큼 다가설 것이다.

가격 차별

price discrimination

가격 차별은 기업이 하나의 재화를 가격을 달리하여 판매하는 전략이다. 기업이 가격을 차별하는 이유는 이윤을 늘리기 위해서다. 가격 차별에는 1차부터 3차까지 3종류가 있다.

소비자마다 특정 재화에 대한 선호뿐 아니라 현재 상황, 나이, 경제력 등이 다르므로 재화를 구매하면서 지불할 의향이 있는 최대 금액도 제각각이다. 이 사실을 이용해 기업이 소비자들을 구분하고 가격을 차별화하는 전략을 1차 가격 차별 또는 1급 가격 차별이라고 한다. 1차 가격 차별은 1백 명의 소비자에게 1백 개의 다른 가격을 요구하는 전략으로, 이론적으로는 가능하나 현실성이 떨어진다. 그래서 2·3차 가격 차별이 보편적으로 쓰인다.

2차 가격 차별(2급 가격 차별)은 대량으로 구매하는 소비자에게 상품 가격을 낮춰주는 전략이다. 라면을 1개 살 때보다 묶음으로 살 때, 붕어빵을 1개 살 때보다 3개 살 때,

스포츠센터나 독서실 이용권을 하루씩 구매할 때보다 1개월이나 1년 치를 한꺼번에 구매할 때 가격이 낮은 사례들이 해당한다. 소비자들은 싼값에 매력을 느끼고 대량 구매하는 경향이 있다. 편의점에서 흔히 볼 수 있는 2+1 판매, 창고형 매장이 판매 단위를 크게 만들고 싸게 판매하는 것도 2차 가격 차별의 사례이다.

3차 가격 차별(3급 가격 차별)은 기업이 소비자를 특성이나 기준에 따라 몇 개 집단으로 구분하고 가격을 다르게 적용하는 전략이다. 극장이나 놀이공원은 나이를 기준으로 청소년과 성인을 구분하고 청소년에게는 낮은 요금을, 성인에게는 높은 요금을 적용한다. 컴퓨터 소프트웨어 개발 회사가 학생에게 프로그램을 싸게 판매하는 것, 항공사가 비즈니스석과 이코노미석의 요금을 다르게 책정하는 것 등도 3차 가격 차별에 해당한다. 물론 학생용 프로그램의 기능이나 이코노미석의 서비스가 다소 떨어지지만, 기능과 서비스의 차이가 가격 차이만큼 크지는 않으므로 가격 차별 사례에 해당한다.

(연관 개념어) 탄력성

가격통제

price control

시장경제에서 수요와 공급에 따라 결정되는 가격을 시장 가격 또는 균형가격이라고 한다. 이 가격에서 상품의 수요 량과 공급량이 같아지고 소비자와 기업이 자유롭게 사고 팔 수 있다. 시장경제의 원칙은 이처럼 수요와 공급의 힘 겨루기를 통해 가격이 자유롭게 결정되는 것이다. 그러 나 때로는 정부가 특정 상품의 가격을 시장가격보다 높 거나 낮게 법으로 결정하는 가격통제 정책을 편다.

먼저 정부가 시장가격보다 낮게 정하는 가격통제를 알아보자. 시장가격이 1만 원인 상품을 8천 원 이상 받지 못하도록 통제한다고 가정해보자. 이때 가격 상한선인 8 천 원을 최고 가격 또는 상한 가격이라고 부른다. 이 정책 은 가격이 비싸 국민의 생활을 힘들게 만들거나 다른 상 품의 가격에 지대한 파급력을 미치는 주택, 휘발유, 음식 등의 가격을 인위적으로 낮추기 위해 시행한다. 바가지 요금 해소, 인플레이션 억제 효과 등을 기대할 수 있으나 시장에 여러 혼란을 야기한다.

우선 가격이 낮아지므로 수요량이 증가하지만 공급량은 감소한다. 해당 상품이 부족해져 공급 부족, 다르게 말하면 초과 수요 현상이 발생한다. 부족한 상품을 차지하려는 소비자들의 경쟁이 치열해지며 상품을 구매하는 데 성공한 소비자와 실패한 소비자의 명암이 엇갈린다. 높은 값을 치르고서라도 상품을 구매하려는 소비자는 암시장에서 매우 비싸게 구매한다. 어쩔 수 없이 낮아진 가격에 상품을 팔아야 하는 기업은 손해를 만회하기 위해 상품 질을 떨어뜨리기도 한다.

정부가 시장가격보다 높은 값을 정하는 가격통제도 있다. 가령 시장가격이 1만 원인 상품을 1만 2천 원 이하로는 거래하지 못하도록 통제하는 것이다. 이때 가격 하한선인 1만 2천 원을 최저 가격 또는 하한 가격이라고 한다. 매년 사회의 논쟁거리가 되는 최저임금이 대표적 사례이다. 농가 수입이 너무 적어 많은 사람이 일정한 생활 수준을 유지하기 힘들다고 정부가 판단하면 쌀 같은 농작물에도 최저 가격을 설정하는 경우가 많다.

가격을 높게 통제하면 수요량은 감소하지만 공급량이 증가해 공급과잉 현상이 발생한다. 노동시장에 실업자가 추가로 생긴다는 뜻이다. 그럼 고용을 유지한 근로자는 높아진 최저임금을 받아 혜택을 보지만 실직자는 낮은 임금조차 받지 못하는 문제가 생긴다.

연관 개념어 **법정 최고 금리**

게임이론

game theory

장기, 바둑, 포커, 축구 승부차기의 공통점은 게임이라는 것이다. 게임에는 2명 이상이 참여하며, 각 참여자는 자신의 이익을 추구한다. 이때 자신의 선택과 상대방의 선택이 서로에게 영향을 미친다. 가령 내가 어느 곳에 바둑알을 놓느냐에 따라 상대방이 놓는 바둑알의 위치가 달라지며 승패가 갈린다.

이 상황에서 어떻게 최적의 선택을 할 수 있는지를 과학적으로 분석하는 분야가 게임이론이다. 경제학에서는 과점 기업들의 전략적 선택을 분석할 때 게임이론을 적용한다.

어느 동네에 경쟁하는 과일 가게 A와 B가 있다고 하자. 2곳 모두 가격을 올리면 둘 다에게 이득이 된다. 그렇지만 두 가게 주인의 마음이 이심전심으로 통해서 동시에 과일값을 올린다는 보장이 없다. 만약 가게 A가 과일값을 인상했는데 가게 B는 인상하지 않는다면 소비자들이 A를 등지고 B로 몰릴 것이므로 B만 이득을 본다. 따라서 A는 무턱대고 과일값을 올리지 못한다. 같은 논리로 B 역시 값을 마음대로 올리지 못한다.

이 기본적인 게임이론 사례를 용의자의 딜레마(죄수의 딜레마)라고 한다. 양쪽이 함께 과일값을 인상하기로 선택하면 모두 돈을 더 벌 수 있으나, 상대측이 값을 올릴지 속내를 알 수 없는 탓에 둘 다 과일값을 올리지 않는다는 것이 수학자이자 경제학자 존 내시John Nash의 결론이다. 그는 게임이론을 연구한 공로를 인정받아 1994년 노벨 경제학상을 수상했다. 용의자의 딜레마 게임에서 두 가게 모두 과일값을 올리지 않기로 선택하는 상태를 그의 이름을 따 내시 균형이라 부른다.

게임이론은 현실의 복잡한 경제 상황과 사람의 오묘한 심리를 지나치게 단순화해 분석한다는 한계가 있다. 현실에서는 동정심, 충성심, 상호 배려, 복수심, 사회적 맥락 등 다양한 요인이 작용하므로 게임이론이 예측하는 결과와 다르게 귀결되는 경우가 많으며, 과일값을 함께 올리는 식의 담합이 종종 발생한다.

연관 개념어) 과점, 담합, 치킨 게임

고정비용/변동비용

fixed cost/variable cost

기업이 상품을 생산하는 비용은 크게 고정비용과 변동비용으로 나뉜다. 고정비용(고정비)은 기업이 생산량을 늘리거나 줄여도 변하지 않고 일정한 비용이다. 즉, 생산량과 무관한 임대료, 은행 이자, 감가상각비, 재산세 등이 고정비용에 속한다.

예를 들어 가게를 임대하면 손님이 많든 적든 주인과 계약한 대로 일정한 임대료를 내야 한다. 가게에서 일하는 시간제 직원의 일당도 고정비용이다. 시간이 지나면서 임대료나 최저임금이 오르면 고정비용도 늘어나기는 하지만 이 변화는 생산량과 무관하다.

변동비용(변동비)은 생산량을 늘리면 따라서 늘어나고, 줄이면 따라서 줄어드는 성격의 비용이다. 다른 말로 가변비용이라고도 한다. 변동비용은 재료비, 부품비, 포장비, 배송비, 신용카드 수수료 등이다.

변동비용은 영업 중지 여부를 판단할 때 중요한 고려

요소다. 가령 운영하는 식당 매출이 좋지 않아 적자를 보고 있다고 하자. 그렇다고 덥석 식당을 폐업해서는 안 된다. 2가지 경우로 구분해 따져볼 필요가 있다.

첫째, 매출이 변동비용보다도 적다면 문을 닫는 편이 합리적이다. 생산에 직접 들어가는 변동비용조차 벌지 못하므로 아예 생산하지 않는 편이 낫다.

둘째, 매출이 변동비용보다는 많다면 얘기가 달라진다. 식당 영업을 계속하는 편이 낫다. 그 비밀은 고정비용에 있다. 비록 적자는 면하지 못하더라도, 변동비용을 충당하고 남는 돈으로 고정비용 일부를 메울 수 있으므로 영업을 통해 적자를 줄일 수 있다.

대규모 시설이나 공장이 필요한 제조 업체, 예컨대 자동차 회사나 정유 회사는 고정비용이 차지하는 비중이 상대적으로 크다. 서비스업은 창업에 필요한 고정비가 상대적으로 적고 전체 비용에서 변동비용이 차지하는 비중이 작아 경쟁이 심한 편이다.

연관 개념어 **규모의 경제**

공공재
public good

우리가 일상생활에서 소비하는 재화나 서비스는 대부분 사유재private good이다. 사유재는 경합적이자 배제적(배타적)인 특성이 있다. 경합적rival이란 어느 소비자가 재화를 소비하면 다른 소비자는 그 재화를 소비하지 못하는 것을 말한다. 배제적exclusive이란 비용을 내지 않은 사람은 소비하지 못하게 배제되고, 대가를 치른 사람만 소비할 수 있다는 뜻이다.

공공재는 사유재에 대비되는 개념이다. 공공재는 비경합적이자 비배제적(비배타적)이다. 비경합적이란 여러 사람이 공동으로 소비할 수 있는 특성이며, 비배제적은 비용을 내지 않은 사람도 소비에서 배제되지 않는 특성이다. 국방, 치안, 댐, 가로등, 등대 등에 이런 특성이 있다.

가로등을 통해 두 특성의 의미를 생각해보자. 가로등 근처를 지나는 보행자나 자동차 운전자는 모두 불빛의 도움을 받아 안전하게 이동할 수 있다. 보행자나 자동차가 많아진다고 해서 가로등 불빛이 희소해지지는 않는다. 그래서 비경합적이다. 또한 정부가 가로등 사용료를 받으면서, 돈을 내지 않은 사람은 가로등 불빛의 혜택을 누리지 못하게 차단할 수 없으므로 비배제적이다.

비배제적인 공공재는 기본적으로 민간 기업이 생산하기 힘들다. 돈을 내지 않은 채 소비하려는 사람, 즉 무임승차자가 많아져 기업이 공공재 생산에 필요한 비용을 충당하지 못하기 때문이다. 그래서 일반적으로 공공재는 정부가 세금으로 직접 생산하고 사회 구성원 모두가 이용할 수 있게 공급한다.

그렇다고 '공공재＝정부 생산' 등식이 늘 성립하지는 않는다. 예컨대 라디오 방송은 공공재이기는 하지만 광고 수입으로 생산비를 조달할 수 있으므로 민간 기업이 생산한다.

(연관 개념어) 무임승차자 문제, 공유지의 비극, 시장 실패

공유지의 비극

tragedy of the commons

하천, 산림, 야생동물 등은 누구도 배타적 소유권을 주장할 수 없는 자원이다. 우리 모두의 자원이라는 뜻에서 공유 자원 또는 공유 재산이라고 부른다. 그런데 공유 자원은 과도하게 남용, 남획되는 경향이 있고 결과적으로 심각하게 훼손되거나 고갈되는 운명에 놓인다. 이러한 현상이 공유지의 비극이다.

　이 용어는 생물학자 개릿 하딘$^{Garrett Hardin}$이 과학 저널 〈사이언스^{Science}〉에 발표한 논문 제목에서 비롯했다. 그는 개인의 목초지는 엄격하게 관리되는 데 비해 마을의 공유 목초지는 황량해지는 현상에 주목했다. 양을 키우는 사람들이 저마다 공유 목초지에 양을 풀어놓은 결과였다.

　공유 자원은 공공재처럼 비배제적이어서 대가를 내지 않아도 사용할 수 있다. 그러므로 개인으로서는 공유 자원을 많이 사용하거나 포획할수록 이득이다. 그렇지만 공유 자원이 무한대로 존재하지 않으므로 조만간 고갈되고 만다. 사람들의 자유의지에 맡기면 궁극적으로 모두가 손해를 보는 시장 실패가 발생한다. 우리나라의 호랑이나 명태 멸종, 세계적인 오존층 파괴 등이 공유지의 비극을 보여주는 사례이다.

공유 자원의 비극을 예방하기 위해 정부는 법으로 규제, 단속하거나 자연보호 캠페인 등을 벌여 사람들을 도덕적으로 설득하고 지속 가능한 선택을 유도한다. 가령 금어기를 설정해 꽃게를 보호하거나 반달곰 포획을 금지한다. 배타적 사용권을 부여하는 방안도 있다. 주차 공간이 적은 주택가 이면도로의 경우 인근 주민에게 유료로 주차 이용권을 부여하는 거주자 우선 주차제가 일례이다.

엘리너 오스트롬Elinor Ostrom은 집단적 해결 방안을 통해 공유지의 비극을 공유지의 희극으로 바꿀 수 있다는 연구 결과에 대한 공로로 노벨 경제학상을 받은 최초의 여성이 되었다. 그녀에 따르면 마을끼리 공동체 협의를 통해 목초지나 하천을 적절히 사용하기로 약속하고 실천하면 공유 자원이 비극적 결말을 맞지 않을 수 있다.

(연관 개념어) **공공재, 시장 실패**

과점

oligopoly

어떤 재화나 서비스를 생산하는 기업의 수가 몇 개뿐으로 적은 시장을 과점 시장이라고 하고, 해당 기업을 과점 기업이라고 한다.

3개 또는 4개처럼 몇 개까지가 적은 상태인지를 구체적으로 밝히지 않은 데는 이유가 있다. 국가, 산업, 시기, 경제 여건, 정부의 관점에 따라 적은 수의 기준이 달라질 수 있기 때문이다. 한 기업의 선택이 다른 기업들에 '유의미하게' 영향을 미친다면 수가 3개이든 4개이든 적다고 볼 수 있고 과점이 된다. 다만 기업의 수가 3개까지면 어느 국가든지 예외 없이 과점으로 구분한다. 기업이 2개뿐인 과점 상황은 특별히 복점^{duopoly}이라고 한다. 우리나라의 과점 시장은 이동통신, 휴대전화, 가전제품, 영화관, 라면 등이다.

한번 형성된 과점 시장은 좀처럼 깨지지 않는다. 새 경쟁 기업이 시장에 진입하기 매우 힘들거나, 진입하더라도 기존 기업과의 경쟁에서 버티지 못하고 퇴출되기 때문이다. 진입을 위해 필요한 막대한 자본을 보유한 곳이 드물어서, 브랜드 충성도로 인해 신생 기업이 경쟁에서 이기기 힘들어서, 규모의 경제 때문에 신생 기업의 생산비가 기존 기업보다 높아서 등의 여러 요인 때문에 기존 과점 기업은 절대적으로 유리한 고지를 선점한다.

사람들이 경쟁을 싫어하듯 과점 기업도 경쟁을 피하려 한다. 피하는 정도를 넘어 아예 담합을 선호한다. 물론 정부는 소비자에게 피해를 주는 담합을 불공정 행위로 보고 금지한다. 이에 과점 기업은 정부의 단속과 감시를 피할 수 있는 은밀한 방법으로 담합 효과를 거두려 시도한다.

독점과 과점을 합쳐 독과점이라 한다. 독과점 기업은 막강한 시장 지배력을 이용해 공급량, 가격, 거래 조건 등을 자사에 유리하게 정하여 소비자에게 피해를 주므로 시장 실패를 초래하는 요인 가운데 하나가 된다. 그래서 정부는 '독점 규제 및 공정거래에 관한 법률'(공정거래법)로 독과점 기업을 규제한다.

이 법은 1개 기업의 시장 점유율이 50% 이상인 경우, 또는 3개 기업의 시장 점유율 합계가 75% 이상인 경우를 시장 지배적 사업자라는 이름으로 규정한다. 시장 지배적 사업자는 우월한 지위를 이용해 불공정한 거래 행위를 저지르기 쉬우므로 정부가 철저하게 감시, 규제한다.

(연관 개념어) **게임이론, 규모의 경제, 담합, 독점**

규모의 경제

economies of scale

기업이 생산 규모를 늘리면 그 덕분에 개당 생산 비용, 즉 평균비용(단가)을 절감하는 이점이 발생할 수 있는데, 이 현상이 규모의 경제이다. 규모의 경제를 가능하게 하는 요인은 여러 가지다.

첫째, 고정비용이다. 공장 설비를 갖추는 데 고정비로 1억 원이 들어갔다면 상품을 1백 개 생산할 때 평균비용이 1백만 원이지만, 1천 개를 생산하면 평균비용이 10만 원으로 낮아져 규모의 경제가 나타난다.

둘째, 전문화다. 규모가 작을 때는 1명의 노동자가 이런저런 작업을 두루 담당해야 하나, 일정 규모 이상이 되면 1, 2가지 작업에만 특화할 수 있어 전문성이 향상한다. 덕분에 생산성이 높아지며 평균비용이 줄어든다.

셋째, 생산에 필요한 재료나 부품을 대량 구매하면 공급자로부터 유리한 가격에 납품받을 수 있어 규모의 경제가 가능해진다. 대형 할인점이 상품을 싸게 팔 수 있는 비결이 여기에 있다.

서울에 있는 대형 종합병원으로 환자가 쏠리는 현상도 규모의 경제와 관련 있다. 최신 의료 장비는 가격이 어마어마해서 웬만한 규모의 병원은 도입을 꿈도 꾸지 못한다. 대형 종합병원을 찾는 환자가 많아질수록 고가 장비의 단가가 내려가므로 장비 구매가 가능해진다.

얼마 전 제약 회사들은 코로나19에 대응하기 위해 백신과 신약을 개발하는 데 막대한 연구 개발비를 들였다. 백신과 신약에 대한 수요가 적으면 약의 가격이 천문학적으로 높아져 보통 사람은 감당할 수 없다. 백신과 신약을 찾는 국가와 사람이 많아질수록 규모의 경제 덕분에 단가가 낮아져 많은 사람에게 혜택이 돌아갈 수 있다.

규모의 경제가 무한정 가능하지는 않다. 생산 규모가 어느 한도 이상으로 커지면 규모의 경제가 사라지고 반대로 평균비용이 증가하는 규모의 불경제(규모의 비경제) 현상이 발생한다. 규모가 너무 커져 비효율과 혼잡 문제가 지배하기 때문이다.

연관 개념어) 평균비용, 범위의 경제

기회비용

opportunity cost

우리는 원하는 것을 모두 가지거나 하고 싶은 일을 모두 할 수 없으므로 일부를 선택해야 한다. 자원이나 시간은 희소하기 때문이다. 하나를 선택하는 순간 나머지 대안은 포기해야 하는데, 포기한 대안에서 얻을 수 있었던 잠재적 이득을 기회비용이라고 한다.

예를 들어 주말 저녁에 영화를 보기로 선택한다면 영화표를 사는 데 쓴 돈으로 커피를 마실 수 없다. 그러므로 영화를 보는 선택의 기회비용은 커피에서 얻을 수 있었던 효용이다. 또한 영화를 보려면 왕복 이동 시간까지 포함해 4시간 정도를 써야 하므로 집에서 편안하게 누릴 수 있었던 휴식의 꿀맛이라는 기회비용도 감내해야 한다.

기회비용은 겉으로 드러나는 비용이 아니다. 따라서 사람들이 쉽게 놓치고, 결과적으로 비합리적 선택을 하는 우를 범한다. 합리적으로 선택하려면 포기한 기회에 숨어 있는 비용을 따져야 한다.

자기 주머니에 있는 돈을 쓰지 않아 회계 비용이 들지 않았을지라도 예외 없이 기회비용이 발생한다. 그래서 "(이 세상에) 공짜는 없다"라는 유명한 말까지 생겨났다. 친구에게서 받은 표로 야구 경기를 보러 가더라도 경기장에 있는 시간 동안에는 등산할 수 없으므로 공짜가 아니다. 정부로부터 받은 생활 지원금도 공짜가 아니다. 그 돈만큼 다른 부문에 대한 지원이 줄어들어 사회가 불이익을 감내하기 때문이다.

미국인들은 "공짜는 없다"라는 말 대신 "공짜 점심은 없다"라고 말한다. 이 말은 19세기 술집에서 술을 주문하면 공짜로 점심을 제공한 데서 유래했다. 사실은 술값에 점심값이 포함되어 있었으므로 공짜가 아니었다는 뜻에서 생긴 말이다. 더욱이 점심 요리가 짠 탓에 손님들은 술을 많이 마셨다. 공짜로 점심을 주는 술집을 찾아갔다가 더 비싼 대가를 치른 셈이다.

우리나라 호프집도 비슷한 전략을 활용한다. 무료로 주는 기본 안주는 한결같이 짜거나 목이 마르게 하는 것들이어서 자꾸 술을 부른다. "공짜 안주는 없다."

연관 개념어) **매몰 비용, 희소성**

34

담합
collusion

담합은 기업들이 이윤을 늘리기 위해 비밀스럽고 불법적으로 합의해서 재화나 서비스의 공급량을 조절하거나 가격을 특정 수준으로 정하는 불공정 행위이다. 흔히 과점 기업들 사이에서 발생한다.

기업들은 금지된 담합 대신 법망을 피할 수 있는 교묘하고 은밀한 방법을 찾아 정부를 힘겹게 만든다. 창과 방패의 싸움이다. 리니언시leniency는 이 싸움에서 정부가 새롭게 던진 무기이다. '관용'이란 뜻의 영어 리니언시는 담합 사실을 자진 신고한 기업의 과징금을 면제, 감면해주는 관용을 베푸는 제도이다. 담합 사실이 드러날까 봐 불안하거나 다른 기업을 골탕 먹이려는 기업이 정부에 신고하고 처벌을 면제받을 수 있다.

정부의 강력한 처벌이라는 외적 변수 외에 기업 내적으로도 담합을 가로막는 변수가 하나 있다. 배반이다. 담합에 참여한 기업 가운데 하나라도 배반하면 피해는 나머지 기업들에 돌아간다. 배반 가능성을 보여주는 좋은 사례는 게임이론에 나오는 용의자의 딜레마다. 기업들은 배반 가능성을 차단하기 위해 평소 관계를 두텁게 하며, 만약 이탈하는 기업이 발생하면 철저하게 보복하는 '눈에는 눈, 이에는 이' 전략으로 맞대응한다.

담합 차원을 넘어 여러 기업이 하나의 공식 조직으로 똘똘 뭉치는 것이 카르텔cartel이다. 카르텔을 형성한 기업들은 하나의 기업처럼 움직이며 가격, 생산량, 시장 점유율, 고객과 시장 배분 등에 관해 뜻을 모은다. 따라서 독점만큼은 아니더라도 시장에 미치는 힘이 강력하다. 카르텔은 경제를 비효율적으로 만들고 소비자에게 피해를 준다. 현실에서 찾을 수 있는 카르텔의 대표적 사례는 13개 석유 생산국이 이익을 도모하기 위해 결성한 석유수출국기구OPEC다.

(연관 개념어) 게임이론, 과점

대체재/보완재

substitute good/complementary good

어느 재화가 다른 재화와 비슷하게 기능하거나 비슷한 용도로 쓰일 때 그 재화를 대체재라 한다. 집에서 회사까지 가는 교통수단으로 지하철과 버스가 있다면 지하철과 버스는 서로 대체재이다. 육류 소비자에게는 소고기, 돼지고기, 양고기, 닭고기가 서로 대체재이다. 휘발유 자동차와 전기 자동차, 콜라와 사이다, 커피와 녹차, 쌀과 밀, 종이책과 전자책 등도 대체재다.

대체재들은 소비자의 선택을 놓고 경쟁한다. 재화 X의 가격이 오르면 소비자는 X의 수요량을 줄이는 대신 대체재인 재화 Y를 많이 구매한다. 재화 Y가 X보다 저렴해졌기 때문이다. 그래서 대체재를 경쟁재라고 부르기도 한다. 대체재가 많으면 소비자의 선택 폭이 넓어져 같은 돈으로 효용을 늘릴 수 있다.

대체재와 달리 한 재화만으로는 소비할 수 없거나 별 가치가 없으며 바늘과 실, 스마트폰과 앱처럼 다른 재화와 함께 소비할 때 비로소 전체 가치와 효용이 높아지는 것은 보완재다. 햄버거의 보완재는 콜라, 밀크셰이크, 감자튀김 등이다. 휘발유는 자동차, 시럽은 팬케이크의 보완재이다.

보완재는 소비자의 효용을 높여주는 상승작용을 하므로 수요 측면에서 운명을 함께한다. 즉, 재화 X의 가격이 올라 X의 수요량이 줄어들면 보완 관계에 있는 재화 Z의 수요도 줄어든다. 삼겹살이 많이 팔리면 보완재인 상추가 덩달아 많이 소비된다.

기업의 마케팅 전략 중 하나는 보완재 관계를 이용하는 것이다. 슈퍼마켓은 보완 관계에 있는 제품들을 가깝게 진열해 판매량을 늘린다. 예컨대 파스타 옆에 파스타 소스를 진열하는 식이다. 또한 극장에서는 팝콘을 판매한다. 프린터 제조사는 프린터 가격을 싸게 책정해 많은 소비자를 고객으로 확보한 뒤 보완재인 카트리지나 토너를 비싸게 팔아 이익을 확보하는 전략을 펴기도 한다.

도덕적 해이

moral hazard

사람은 손실을 가능한 한 피하려고 한다. 그런데 자신이 손실을 부담하지 않고 다른 사람이 대신 부담해주면 손실을 피하려는 노력을 게을리한다. 이 현상을 도덕적 해이라 한다. 뒷수습을 잘해주는 부모를 둔 자녀가 부모를 믿고 말썽을 피우는 것과 같다.

도덕적 해이 문제는 보험 시장에서 골칫거리이다. 화재 등 건물에 발생하는 재산상 피해를 보상해주는 보험에 가입한 건물주는 보험 가입 여부와 관계없이 건물에 피해가 발생하지 않게 최선을 다해야 하나, 보험을 믿고 그런 노력에 소홀해진다.

만약 보험회사가 피해를 예방하기 위해 제대로 노력하지 않는 가입자의 보험료를 인상하거나 보험금 지급을 거부할 수 있다면 도덕적 해이 문제를 피할 수도 있을 것이다. 그러나 보험회사가 일일이 가입자의 행동을 확인하는 일은 현실적으로 불가능하다. 이처럼 가입자는 본인의 행동을 알 수 있으나 보험회사는 알지 못해 정보가 비대칭인 상황에서 도덕적 해이 문제가 드러난다.

예금자 보호 제도를 활용하는 도덕적 해이 문제도 있다. 은행권에 예금한 돈 5천만 원까지 정부가 보장해주므로 예금자는 안전한 은행이 아니라 금리가 높은 은행에 돈을 맡겨 이자를 한 푼이라도 더 챙긴다. 설령 은행이 파산하더라도 예금한 돈을 돌려받으니 염려할 게 없다.

도덕적 해이를 줄이기 위한 대책은 여러 가지다. 사고가 발생하면 추가로 금전을 부담하게 함으로써 도덕적 해이의 동기를 줄이는 방안이 대표적이다. 예를 들어 스마트폰 단말기 보험에 가입한 고객은 단말기가 파손되면 일정 금액의 자기 부담금을 내야 한다. 보험회사는 나머지 손해액만 보상해준다. 자기 부담금을 내기 아까운 고객은 보험에 가입한 뒤에도 단말기를 조심스럽게 다루므로 도덕적 해이 문제가 해결된다.

도덕적 해이와 관련한 경제 개념으로 주인-대리인 문제principal-agent problem가 있다. 회사의 '주인'이 주주라면 회사 임직원은 주주를 위해 일하는 '대리인'이다. 주주는 임직원들이 더 열심히 일해 주가를 최고로 올려주기를 기대한다. 그렇지만 대리인인 임직원은 주인을 위해 열정적으로 일하는 대신 편하게 일하며 월급을 안정적으로 받고 더 많은 사내 복지를 원한다. 이처럼 주인과 대리인의 이익이 상충해 발생하는 것이 주인-대리인 문제이다.

　　정치에도 주인-대리인 문제가 있다. 유권자가 주인이라면 국회의원은 대리인이다. 대리인으로 선출된 국회의원은 유권자의 이익보다 정당이나 본인의 이익을 위해 의정 활동을 하는 경향이 있다. 그럼 주인인 유권자가 그 결과를 떠안게 된다.

(연관 개념어) 정보 비대칭, 예금자 보호 제도, 역선택

독점

monopoly

어느 재화를 생산하는 기업이 하나뿐인 시장구조를 독점이라 부르며, 해당 기업을 독점기업이라고 한다. 여러 기업이 생산하고 있더라도 시장 점유율이 가장 높은 최대 기업이 시장에서 압도적 영향력을 행사하고 나머지 기업들의 힘은 무시해도 좋을 만큼 미미하다면 '사실상' 독점이다.

독점기업에는 경쟁자가 없기 때문에 마땅한 대체재가 없는 소비자는 울며 겨자 먹기 식으로 독점기업의 제품을 구매하든지, 싫으면 아예 소비를 포기할 수밖에 없다. 독점기업은 이러한 지배력으로 이윤을 최대한 높이기 위해 가격을 정할 힘이 있다. 그래서 막대한 독점이윤을 챙길 수 있다.

더 나아가 시장에 새 경쟁 기업이 진입하는 것도 차단한다. 경쟁자가 없으므로 신제품 개발이나 혁신 경영에 게을러지고 소비자 불만에 미온적으로 대응한다. 종합하면 독점 시장은 효율성이 떨어진다.

이와 같은 문제점에도 불구하고 독점 시장이 존재하고 유지된다. 이유는 여러 가지다. 첫째, 독자적인 기술과 투자로 독점기업이 되는 경우다. 가령 마이크로소프트사는 혁신 제품 윈도우를 개발해 개인 컴퓨터 운영체제에서 독점 지위를 누렸다.

둘째, 특허나 저작권 제도 때문에 생기기도 한다. 특허 제도는 최초 개발자가 성공에 대한 보상으로 일정 기간 경제적 이득을 누리도록 보장하여 개발 의욕을 북돋아주는 순기능이 있다. 그래서 첫 개발자는 법이 보장하는 기간 동안 독점 지위를 누릴 수 있다.

자연스럽게 독점이 형성되기도 하는데, 이를 자연독점natural monopoly이라 한다. 엄청난 기반 시설비가 필요한 산업 분야인 전기나 가스는 한 기업이 생산하는 편이 더 경제적일 수 있다. 다시 말하면 두 기업이 따로 생산하는 데 드는 비용의 합보다 한 기업이 독점으로 생산하는 데 드는 비용이 작은 경우이다. 정부는 자연독점을 허용하는 대신 요금을 규제해 해당 기업이 너무 많은 이윤을 챙기지 못하게 막는다.

연관 개념어 **과점**

매몰 비용

sunk cost

매몰 비용은 이미 지출해서 회수할 수 없는 비용이다. 가령 환불이 불가능한 조건이 붙은 비행기표를 싸게 구매한다면 여기에 쓴 돈이 매몰 비용이다. 기업이 텔레비전 광고에 쓰는 돈 역시 매몰 비용이다. 제품을 많이 팔든 생산을 중단하든 광고비를 돌려받을 수 없기 때문이다.

의사 결정을 할 때는 비용과 편익을 철저하게 따져야 한다는 것이 경제의 기본 원리지만, 매몰 비용은 '비용'이란 말이 포함되어 있어도 절대 고려하지 않아야 한다. 그 이유는 의사 결정에서 고려해야 할 비용과 편익은 그 결정으로 인해 발생할 비용과 편익이지 이미 지출해버린 매몰 비용이 아니기 때문이다. 매몰 비용은 엎질러진 물이다.

그럼에도 매몰 비용을 따져 선택을 비합리적으로 하는 현상이 매몰 비용 오류sunk cost fallacy이다. 환불되지 않는 비행기표를 구매한 사람이, 갑자기 중요한 일이 생겨 여행을 떠나기 힘들어졌는데도 푯값이 아까워 여행을 강행한다면 매몰 비용 오류라 할 수 있다. 취미가 바뀌었음에도 지금까지 자전거나 복장에 투자한 비용이 아까워 계속 자전거를 타는 것, 성공 가능성이 없는데도 지금까지 투자한 돈 때문에 제품 개발에 계속 매달리는 것도 매몰 비용 오류에 해당한다.

사람들이 매몰 비용 오류에 빠지는 이유의 중심에는 심리적 요인이 있다. 사람에게는 기본적으로 손실을 피하고 싶어 하는 손실 회피성loss aversion이 있다. 일정 금액의 이득에서 100이라는 만족을 얻는다면 같은 금액의 손실에서는 몇 배의 고통을 느끼므로 가능하면 손실을 피하려 하는 심리를 말한다. 그래서 매몰 비용이 확정되는 것을 좀처럼 용납하지 못하고 계속 매몰 비용에 미련을 둔다.

몰입 편향commitment bias 심리도 매몰 비용에 매달리게 하는 요인이다. 자신이 세우고 실천한 계획에 집착하는 성향을 뜻한다. 실천하던 계획을 포기하는 것은 지금껏 시간과 노력과 자원을 낭비했다는 의미이자 자신에게 실패의 책임이 있음을 인정하는 셈이므로 가급적 이를 피하려는 본능이 작용한다.

무임승차자 문제

free-rider problem

공공재나 공유 자원에는 비배제적이라는 특성이 있어서 돈을 내지 않은 사람도 이용하거나 소비할 수 있다. 이 사실을 이용해 비용을 부담하지 않고 공공재나 공유 자원의 혜택만 챙기는 무임승차자가 생겨나는 현상을 무임승차자 문제라고 부른다.

무임승차자가 많아지면 공공재를 생산하는 데 드는 비용이 충분하지 못해 공공재를 적절한 양만큼 공급하지 못하는 시장 실패가 발생한다. 다시 말하면 해당 공공재 생산에 더 많은 자원을 투입해야 하는데 그러지 못하므로 자원이 비효율적으로 쓰인다.

무임승차자 문제를 해결하기 위한 대책은 몇 가지가 있다. 첫째는 정부가 세금으로 해당 재화나 서비스를 직접 공급하거나 재원을 지급하는 방법이다. 둘째는 재화나 서비스를 이용하는 사람에게 강제로 돈을 내게 하는 방법이다. 셋째로 교육이나 홍보를 통해 보편적 사회규

범에 따르도록 설득하거나 이타적 동기를 구현하도록 유도하는 방안도 가능하다.

무임승차자 문제는 경제학뿐 아니라 일상생활에서도 종종 나타난다. 예를 들어 학생들의 조별 과제나 회사의 팀별 작업에서도 무임승차자 문제가 발생한다. 집단으로 작업하는 구성원들 가운데는 이 핑계 저 핑계로 게으름을 피우다 결과물이나 성과를 고스란히 챙기는 무임승차자가 존재하기 마련이다. 겨울철 골목길의 눈이나 쓰레기도 치우는 사람만 치울 뿐이고, 어떤 이웃 주민은 평생 나 몰라라 한다.

(연관 개념어) **공공재, 시장 실패**

범위의 경제

economies of scope

어느 재화를 생산하는 덕분에 다른 재화의 생산비를 절감할 수 있는 상황이 발생하기도 하는데 이를 범위의 경제라고 한다. 이름이 비슷한 규모의 경제와는 의미가 다르다. 규모의 경제가 '한' 재화의 생산 규모를 확장할 때 평균비용이 줄어드는 현상이라면, 범위의 경제는 여러 기업이 한 재화씩 따로 생산하느니 하나의 기업이 '여러 관련' 재화를 모두 생산하는 편이 비용 측면에서 유리한 경우이다.

생산하는 재화들의 연관성이 밀접할수록 범위의 경제가 실현될 가능성이 커진다. 연관성이 밀접한 재화의 대표적 예는 부산물이다. 정유 회사는 원유를 정제하며 휘발유, 경유를 생산하고 각종 석유화학물질도 얻을 수 있다. 그렇다면 휘발유와 석유화학물질을 별도로 생산하는 것보다 하나의 정유 회사가 두 제품을 함께 생산하는 편이 훨씬 경제적이다. 유제품 회사가 우유, 치즈, 아이스

크림, 버터, 요구르트 등을 함께 생산하는 이유도 범위의 경제 측면에서 유리하기 때문이다.

생산과정을 공유할 수 있는 재화들도 범위의 경제에 도움이 된다. 여객을 수송하는 항공사가 화물도 함께 수송하는 것이 좋은 예이다. 별개 회사들이 각각 여객 수송과 화물 수송을 담당하느니 비행기, 노선, 공항터미널, 정비 기술자를 공유할 수 있는 하나의 회사가 담당하면 비용을 줄일 수 있다. 생수 회사가 기타 음료까지 생산하면 창고, 유통망, 차량을 공동으로 이용할 수 있어서 경제적이다.

범위의 경제는 기업이 생산 제품을 다변화하거나 계열사를 늘리거나 인수 합병M&A을 통해 제3의 회사를 흡수하는 행위에 대한 경제적 타당성을 제시해준다. 그렇지만 도가 지나치면 '문어발식 확장'이라는 비판을 받는다.

연관 개념어　규모의 경제

보이지 않는 손

invisible hand

보이지 않는 손은 시장경제에서 재화에 대한 수요와 공급이 균형을 이루게 해주는 요인을 은유하는 용어이다. 영국 경제학자 애덤 스미스Adam Smith가 저서《도덕감정론The Theory of Moral Sentiments》과《국부론The Wealth of Nations》에서 사용한 표현이다. 보이지 않는 손은 오늘날의 경제 개념으로 가격을 말한다.

어떤 원인 때문에 배추 생산량이 줄면 배춧값이 크게 올라 이른바 '금추'가 된다. 소비자들은 비싸진 가격을 원망하지만, 실은 고마워해야 한다. 만약 생산량이 줄었음에도 배춧값이 변하지 않는다면 배추 공급이 수요에 못 미쳐 큰 혼란이 일어난다. 배추를 선착순으로 팔거나 추첨을 통해 팔아야 하는 새로운 문제가 불거진다. 이런 문제를 예방해주는 것이 가격, 즉 보이지 않는 손이다. 가격이 오르면 그 덕분에 배추를 사려는 사람들이 자연스럽게 줄고 배추의 수요량과 공급량이 같아져 시장에서 조화롭게 거래된다.

　스미스는 소비자와 기업이 사전 조율 없이 각자의 이익을 위해 자유롭게 경제행위를 하더라도 보이지 않는 손이 사회 전체의 이익을 증진한다고 믿었다. 시장에 어떤 재화를 원하는 수요자가 있다면, 이익을 추구하는 기업이 이에 부응해 해당 재화를 생산하고 시장에 공급할 것이다. 그러므로 소비자는 소비 욕구를 충족하고 기업은 이윤을 얻어 양측 모두에게 이득이다. 이 과정에 정부의 개입은 불필요하다. 만약 정부가 시장에 개입해 보이지 않는 손을 건드리면, 가령 가격통제를 실행하면 조화가 깨져 오히려 사회 전체의 이익이 훼손된다.

　보이는 손은 보이지 않는 손에 대비되는 개념이다. 정부가 개입해서 시장경제 기능에 영향력을 미치는 현상을 상징한다. 보이는 손은 영국 경제학자 존 메이너드 케인스[John Maynard Keynes]가 경기 불황으로 고통을 겪는 국민을 보호하기 위해 정부가 적극적인 역할을 해야 한다고 역설한 데서 유래했다.

연관 개념어 　완전경쟁, 가격통제

비교우위/절대우위

comparative advantage/absolute advantage

여러 개인이나 기업은 재화나 서비스를 생산하는 능력이 다르다. 같은 기간에 동일한 양의 생산요소를 사용하여 다른 사람이나 기업보다 상품을 더 많이 생산하는 능력을 절대우위라고 한다. 절대우위는 동일한 양의 상품을 생산하면서 생산요소를 적게 사용하는 능력으로 정의할 수도 있다.

절대우위는 경제학의 아버지로 불리는 애덤 스미스가 자유무역을 지지하면서 인용한 개념이다. 두 국가가 각각 절대우위가 있는 상품 생산에 특화하고 그 상품을 수출하여 받은 돈을 다른 국가가 특화 생산한 상품을 수입하는 데 쓴다면 모두 무역에서 이득을 얻는다는 것이다. 무역이 제로섬게임으로 끝나지 않고 양국 모두 이득을 얻을 수 있는 배경은 생산성이 떨어지는 상품의 생산을 포기하고 생산성이 높은 절대우위 상품에 특화하여 생산량을 크게 늘리는 데 있다.

예를 들어 사우디아라비아는 풍부한 매장량 덕분에 원유에 절대우위를 지니며, 콜롬비아는 기후 덕분에 커피에 절대우위를 지닌다. 이런 상황에서 사우디아라비아가 커피까지 생산하는 것은 비효율적이다.

이 원리는 각 국가가 적어도 1가지 이상의 상품에 절대우위가 있음을 전제로 한다. 만약 어느 국가에 절대우위가 있는 상품이 없다면 특화할 상품도 없으므로 자유무역으로 이득을 볼 수 없다.

이러한 한계를 극복한 개념이 고전학파 경제학자 데이비드 리카도David Ricardo가 제시한 비교우위이다. 비교우위는 경제 주체가 특정 상품을 상대방보다 더 적은 기회비용으로 생산하는 능력을 말한다.

우리나라와 미국이 반도체와 밀을 생산하는 상황을 생각해보자. 밀 대신 반도체를 생산하는 기회비용은 포기한 밀에서 얻는 이득이다. 반도체 대신 밀을 생산하는 기회비용은 포기한 반도체에서 얻는 이득이다.

만약 우리나라가 반도체를 생산할 때의 기회비용(밀이 주는 이득)이 미국이 반도체를 생산할 때의 기회비용보다 적다면 우리나라는 반도체 생산에 비교우위가 있다. 한편 미국의 비교우위 상품은 밀이다. 비교우위 이론에 따르면 이제 양국이 비교우위가 있는 상품 생산에 특화한 뒤 반도체와 밀을 자유무역하면 모두 이득을 얻는다. 비교우위는 상대적 개념이어서 한 국가가 두 상품 모두에 비교우위를 가질 수 없으며, 한 국가는 하나씩 비교우위 상품을 가진다. 그래서 특화 생산과 자유무역이 언제나 가능하다.

비교우위 원리는 국가뿐 아니라 개인이나 기업에도 적용된다. 예를 들어 식당 주방장이 요리와 음식 서빙 모두 다른 직원보다 잘하더라도 혼자 2가지 일을 다 하는 것은 바람직하지 않다. 주방장은 비교우위가 있는 요리에, 직원은 비교우위가 있는 음식 서빙에 전념하면 두 사람 모두 이득을 보며 식당도 이윤을 더 많이 얻을 수 있다.

(연관 개념어) **기회비용**

수요의 법칙/공급의 법칙

law of demand/law of supply

수요의 법칙은 재화 가격이 오르면 수요량이 줄어들고, 가격이 낮아지면 수요량이 늘어난다는 미시경제학의 핵심 법칙 가운데 하나이다. 즉, 재화 가격과 구매량에 역의 관계가 있다는 법칙이다. 이 관계를 그림으로 나타낸 것이 수요곡선이다.

수요의 법칙을 따르지 않는 특이한 재화를 기펜재 Giffen good라고 한다. 이 용어는 관련 사례를 보고한 영국 경제학자 로버트 기펜Robert Giffen의 이름에서 따왔다. 쌀, 밀, 감자처럼 대체재가 거의 없는 주식이 기펜재가 될 가능성이 있다. 옛날 아일랜드에서는 많은 사람이 가난에 시달리며 감자를 주식으로 삼았다. 어느 해 흉년이 들어 감자 가격이 오르자 이들은 고기, 과일, 채소 같은 다른 음식은 구매할 엄두도 내지 못하고 감자만으로 끼니를 해결했다. 결과적으로 감잣값이 오를 때 감자 소비량이 늘어났다. 오늘날에는 기펜재에 해당하는 구체적 사례를 찾기가 쉽지 않다.

소비자에게 수요의 법칙이 있다면, 재화를 생산하는 기업에는 공급의 법칙이 있다. 재화 가격이 오르면 기업은 더 많은 이윤을 위해서 그 재화의 공급량을 늘린다는 것이 공급의 법칙law of supply이다. 예를 들어 달걀값이 오르면 사육하는 닭이 많아져 달걀 공급량이 늘어난다. 게임 프로그래머의 연봉이 오르면 프로그래밍을 배우는 사람이 많아져 프로그래머의 노동 공급량이 증가한다. 가격과 공급량의 비례관계를 그림으로 나타낸 것이 공급곡선이다.

영국 경제학자 앨프리드 마셜Alfred Marshall은 공급곡선과 수요곡선이 만나는 곳에서 재화나 서비스의 가격이 결정된다고 했다. 마치 가위의 윗날과 아랫날이 교차해 종이를 자르듯이 수요와 공급 가운데 어느 하나가 가격을 정하는 것이 아니라 함께 작용해 가격을 결정한다는 말이다. 이 주장을 통해 마셜은 수요가 가격을 결정한다는 주장과, 공급이 가격을 결정한다는 주장을 깨끗이 정리했다.

연관 개념어 거시경제학, 대체재, 한계효용 체감의 법칙

시장 실패

market failure

시장경제에서는 수요와 공급의 힘이 재화나 서비스의 가격을 결정한다. 수요나 공급의 힘이 변하면 가격도 변화해 새로운 시장가격을 형성함으로써 늘 자원이 최적 상태로 배분되며 효율적으로 쓰인다.

시장 실패는 '어떤 요인'이 이러한 상태를 방해하여 자원이 비효율적으로 배분되는 상태를 일컫는다. 자원이 비효율적으로 배분된다는 말은 소비자와 생산자 모두에게 가장 큰 이득을 주지 못하며, 효율적인 상태가 따로 존재한다는 뜻이다. 쉽게 말하면 자원이 낭비되고 있다는 뜻이기도 하다.

시장이 실패하면 개인이나 기업이 스스로의 이익을 최대화하기 위한 선택을 하더라도 사회 전체의 이익이 최대화되지 않는다. 시장 실패를 초래하는 '어떤 요인'으로 외부 효과(외부성), 공공재, 공유 자원, 독과점, 정보 비대칭 등이 꼽힌다.

시장 실패 문제가 발생하면 보통은 정부가 시장에 개입한다. 예를 들어 정부가 담배에 세금을 부과하는 이유는 흡연자 때문에 타인이 간접흡연하여 건강을 해치는 시장 실패를 개선하기 위해서다.

연관 개념어) **외부 효과, 공공재, 공유지의 비극, 정보 비대칭, 정부 실패**

역선택

adverse selection

품질이 우수한 상품은 비싸게, 품질이 불량한 상품은 싸게 거래된다면 불만이 생기지 않는다. 문제는 구매자가 품질을 정확히 알지 못한다는 데 있다. 가령 중고 자동차의 판매자는 차의 상태를 잘 알지만 구매자는 그렇지 못하다. 판매자는 자신에게 불리한 정보를 구매자에게 솔직히 전하지 않으므로 정보 비대칭 문제가 나타난다.

구매자는 해당 자동차의 진가보다 비싼 값에 구매하거나, 값에 미달하는 품질 낮은 자동차를 구매해 손해를 볼 가능성이 크다. 이 현상을 역선택이라고 한다. 역선택은 특히 보험 시장에서 심각한 문제가 될 수 있다.

암 보험을 판매하는 보험회사가 가입자의 건강 상태, 생활 습관, 운동 실천 여부 등에 대한 정보를 알면 보험료를 차별해서 적용할 수 있다. 그러나 이러한 사적 정보는 가입자 본인만 알고 보험회사는 알 수가 없다. 그래서 보험회사는 가입자들을 성, 나이 같은 객관적 정도에 근거해 구분하여, 가령 40대 남성들에게 똑같은 보험료를 적용한다.

이제 건강에 자신 있거나 평소 운동을 규칙적으로 하고 흡연하지 않는 사람은 암 보험료가 너무 비싸다고 판단해 보험 가입을 주저한다. 반면 건강에 자신 없거나 흡연하는 사람은 선뜻 가입한다. 결과적으로 암 발생 위험이 큰 고객이 주로 보험에 가입하는 역선택 문제가 나타나고, 이는 보험회사의 손실로 이어진다.

중고차 시장도 비슷하다. 상태가 좋은 중고차를 보유한 사람은 해당 모델의 평균 시세가 마음에 들지 않아 팔지 않는다. 반면 상태가 불량한 중고차 보유자는 판매한다. 그래서 품질이 좋지 않은 중고차가 시장에서 주를 이룬다. 이처럼 불량품이 지배하는 시장을 레몬 시장market for lemons, 우리말로는 개살구 시장이라 부른다. 영어 레몬에는 불량품이란 뜻도 있다.

역선택 현상과 일맥상통하는 경제법칙이 있다. "악화가 양화를 몰아낸다"라는 말로 요약되는 그레셤의 법칙이다. 금화나 은화가 통용되던 중세에는 일부 국가가 주화에 들어가는 금속의 함량을 줄여 돈을 제조했다. 이런 돈이 악화bad money, 즉 나쁜 돈이다. 그러자 사람들은 함량이 높은 양화good money는 집에 보관하고 악화를 사용해 물건을 샀다. 결국 시장에서 양화는 자취를 감추고 말았다.

(연관 개념어) 정보 비대칭, 도덕적 해이

완전경쟁

perfect competition

경제학에서는 구조에 따라 시장을 4종류로 나눈다. 시장에 기업이 1개뿐인 구조가 독점, 기업의 수가 적은 구조가 과점이다. 이와 대조적으로 많은 기업이 비슷한 재화나 서비스를 생산하는 시장 상황이 독점적경쟁이다. 식당, 미용실, 포도주, 의류 등이 독점적경쟁 시장에 해당한다. 그리고 마지막으로 완전경쟁 시장이 있다.

완전경쟁은 질적으로 독점의 대척에 해당한다. 매우 많은 기업이 완전히 동질적인 상품을 생산하며, 모든 기업과 모든 소비자가 의사 결정에 필요한 정보를 완벽하게 보유하고, 가격이 수요와 공급의 상호작용으로 자유롭게 결정되는 시장이다. 진입 장벽이 없어 어떤 기업이든 시장에 자유로이 진입해 기존 기업들과 경쟁할 수 있다.

시장에 소비자가 매우 많으면 1명의 소비자가 시장가격에 영향력을 행사하지 못하는 것처럼, 완전경쟁 시장에는 기업이 매우 많아 1개의 기업이 시장가격에 영향력을 행사하지 못한다. 기업이 시장가격을 인위적으로 올릴 수 없는 시장이라는 뜻이다.

만약 어느 기업이 다른 기업보다 단 1원이라도 비싸게, 즉 비효율적으로 생산한다면 소비자들은 다른 기업의 재화를 구매하므로 비효율적으로 생산하는 기업은 버티지 못한다. 결과적으로 완전경쟁 시장에서는 자원이 효율적으로 쓰이는 이상적인 상태가 가능해진다. 소비자와 기업의 사리 추구 행위가 사회 전체의 공익을 증진하는 애덤 스미스의 보이지 않는 손이 온전히 작동한다.

이러한 특징을 모두 지닌 완전경쟁 시장이 현실에 존재한 사례는 없다. 경제학이 만들어낸 이론적 시장구조이기 때문이다. 완전경쟁 시장은 아니더라도 비교적 가까운 시장, 예를 들자면 쌀, 주식, 온라인 게임에서 유저들이 발굴한 아이템을 거래하는 시장은 있다. 현실에 없음에도 경제학자들이 완전경쟁 시장을 고려하는 이유는 현실에 존재하는 독점, 과점, 독점적경쟁 시장을 분석하는 준거 역할을 하기 때문이다.

(연관 개념어) **보이지 않는 손, 독점, 과점**

외부 효과

externality

개인의 소비 활동이나 기업의 생산 활동 과정에서 의도하지 않게 제삼자에 영향을 주는 경우를 외부 효과(외부성)라 한다. 예를 들어 개인의 흡연은 의도하지는 않더라도 주위 사람들에게 간접흡연이란 피해를 준다.

흡연 사례처럼 제삼자에 나쁜 영향을 미치면 부정적 외부 효과, 좋은 영향을 미치면 긍정적 외부 효과로 구분한다. 외부 효과는 소비뿐 아니라 생산과정에서도 발생할 수 있으므로 총 4가지로 나눌 수 있다.

첫째는 소비에서 발생하는 부정적 외부 효과이다. 자가용을 이용하면 배출 가스로 인해 주변 공기가 오염되고 보행자의 호흡기에 나쁜 영향을 미치므로 소비에서의 부정적 외부 효과에 해당한다. 흡연도 마찬가지다.

둘째는 소비에서 발생하는 긍정적 외부 효과이다. 코로나19 바이러스가 유행할 때 백신을 접종한 선택은 본인에게 유익할 뿐 아니라 집단면역에도 기여함으로써 사회의 다른 구성원에게 이득을 주었으므로 소비에서의 긍정적 외부 효과에 해당한다.

셋째는 생산에서 발생하는 부정적 외부 효과이다. 공장의 탄소 배출, 아마존 정글 벌목, 농부의 화학비료 사용 등이 여기에 해당한다.

넷째는 생산에서 발생하는 긍정적 외부 효과이다. 양봉은 이웃한 과수원의 수분을 도우며, 한 기업의 연구 개발은 다른 기업이나 사회의 전반적인 지식과 기술 향상에 이바지하므로 긍정적 외부 효과를 낳는다.

긍정적이든 부정적이든 외부 효과는 시장에서 자원이 효율적으로 사용되는 것을 저해하므로 시장 실패를 초래한다. 가령 기업은 생산과정에서 탄소를 많이 배출해 공기를 오염시키면서도 제대로 보상하지 않아 비효율적인 결과로 이어진다.

이 경우 정부가 세금이나 부담금 같은 교정세를 부과해 제삼자나 사회가 입은 피해를 보상하도록 요구한다. 그 결과 기업은 생산량을, 개인은 소비량을 줄이므로 부정적 외부 효과 완화에 도움이 된다. 현재 우리나라가 사용하는 교정세는 환경 개선 부담금, 교통 유발 부담금, 혼잡 통행료, 휘발유세 등이다.

한편 긍정적 외부 효과와 관련해서는 재화를 더 많이 소비하거나 생산하도록 유도할 필요가 있다. 이에 정부는 보조금을 지급해 소비나 생산을 장려한다.

연관 개념어) **시장 실패**

정보 비대칭
information asymmetry

거래가 효율적으로 진행되기 위해서는 구매자와 판매자 모두 거래 상품의 특성, 품질, 이력 등을 잘 알고 있어야 한다. 그러나 현실은 그렇지 못한 경우가 많다. 한쪽이 아는 정보를 다른 쪽은 모르는 경우가 보통이다.

이처럼 경제 주체가 보유한 정보량이 달라 불균등하게 분포하는 구조를 정보 비대칭 또는 비대칭적 정보라 한다. 어떤 의사 결정에 필요한 핵심 정보를 특정인이나 일부 집단만 알고 있고 다른 사람들은 접근할 권리조차 없는 정보 독점은 정보 비대칭의 극단적 상황이라 할 수 있다.

일반적으로 상품에 대한 정보는 소비자보다 해당 상품을 생산한 기업이 더 많이 갖고 있다. 그러므로 거래가 기업에 유리하게 진행될 가능성이 크고, 소비자는 비합리적 의사 결정을 하거나 손해를 볼 우려가 있다. 정부가 가진 정보량이 기업보다 적어 최적의 규제책을 마련하지 못하거나 규제 효과가 기대에 미치지 못하는 문제도 생길 수 있다.

이처럼 정보 비대칭은 거래에 참여하는 당사자 사이에 힘의 불균형을 유발하고 거래를 비효율적으로 만들기 때문에 시장 실패를 초래하는 요인 가운데 하나이다. 비대칭적 정보로 인해 생기는 경제문제로 도덕적 해이와 역선택이 있다.

연관 개념어) 시장 실패, 도덕적 해이, 역선택

정부 실패

government failure

시장이 완전하지 못해 자원을 효율적으로 배분하지 못하는 시장 실패 현상이 발생하면 대개 정부가 문제를 해결하기 위해 시장에 개입한다. 이러한 개입은 정부가 시장 실패를 바로잡을 수 있음을 전제로 한다. 그러나 정부 개입이 의도와 다르게 경제적 비효율성으로 귀결되기도 하는데 이를 시장 실패에 빗대어 정부 실패라고 부른다. 이 점을 들어 일부 학자는 시장이 실패하더라도 정부가 개입해서는 안 된다고 주장한다.

영국과 프랑스 정부는 공동으로 초음속 여객기 콩코드를 개발하는 사업에 착수했다. 비경제적이라는 사회의 비판을 무릅쓰고 사업을 강행한 결과, 애초 내세웠던 예산보다 10배나 많은 돈이 들었으며, 개발한 콩코드마저 오래 못 가 운항 중지라는 운명을 맞이했다. 정부 실패를 보여주는 유명한 사례이다.

정부 실패의 원인은 여러 가지다. 성과에 대해 보상

받거나 이윤을 추구할 동기가 없는 공무원들이 최선을 다해 문제를 해결하려고 노력하지 않는다는 점을 첫 번째로 꼽을 수 있다. 공무원 조직의 복잡한 행정 체계, 즉 관료제의 비효율성도 원인 가운데 하나이다.

이 외에 경제의 효율성을 개선하기보다는 근시안적인 정치적 이득에 부합하는 정책을 도입하거나 정권이 바뀔 때마다 정책 방향도 바뀌는 등 일관성이 없는 정치 실패도 정부 실패를 초래하는 원인 가운데 하나이다. 공무원이 규제 대상인 기업과 친밀해지는 것도 정부 실패의 원인이 될 수 있다.

(연관 개념어) **시장 실패**

조세의 전가

tax shifting

개인이나 기업이 자신에게 부과된 세금의 일부 혹은 전부를 다른 이에게 떠넘기는 현상을 조세의 전가라 한다.

기업이 소비자에게 세금을 얼마나 전가할 수 있는지는 수요와 공급의 상대적 탄력성에 따라 달라진다. 만약 수요가 공급보다 상대적으로 가격에 비탄력적이라면, 즉 상품 가격이 오르더라도 수요량이 별로 줄어들지 않는다면 기업은 소비자에게 더 많은 세금을 전가할 수 있다. 담배나 휘발유에 붙는 세금이 인상되면 사실상 소비자가 전액 부담하는 까닭은 이들 재화의 수요가 매우 비탄력적이어서 값이 오르더라도 울며 겨자 먹기로 소비하기 때문이다.

반대로 수요가 공급보다 탄력적이라면 기업은 세금 대부분을 스스로 부담한다. 기업이 소비자에게 세금을 전가하려고 하면, 즉 재화 가격이 오르면 수요량이 크게 줄어들어 판매가 부진해지기 때문이다.

조세의 전가는 부동산 시장 정책과 관련해 중요한 시사점을 준다. 정부가 부동산값을 안정시키려고 아파트에 대한 재산세나 종합 부동산세를 인상하는 정책은 아파트 소유자가 홀로 세금 부담을 진다는 것을 전제로 한다. 그렇지만 아파트 소유자는 순순히 세금을 떠안지 않는다. 늘어난 보유세 부담을 집 구매자나 세입자에게 전가하려 시도한다. 그래서 늘어난 세금만큼 아파트 호가나 전·월세금을 높인다.

이때 아파트 수요자가 공급자보다 많으면 높아진 가격에도 거래가 이루어지고 아파트 주인은 늘어난 세금을 수요자에게 떠넘기는 데 성공한다. 이처럼 수요가 비탄력적인 시기에는 보유세를 강화하여 집값을 잡으려는 정부의 의도가 무산되며 오히려 집값이 더 올라갈 수 있다.

(연관 개념어) **탄력성, 보유세**

지니계수

Gini coefficient

지니계수(지니 지수)는 한 나라의 소득이 어느 정도로 불균등하게 분배되고 있는지를 측정하는 여러 지표 가운데 가장 널리 쓰인다. 처음 개발한 이탈리아 통계학자 코라도 지니Corrado Gini의 이름에서 유래한 용어이다.

지니계수는 0과 1 사이의 수치로 표시한다. 숫자가 1에 가까울수록 불균등이 심한 상태임을 나타낸다. 지니계수가 1이라면 한 국가의 부를 한 사람이 독차지하고 나머지 사람들은 소득이 전혀 없는 지극히 비현실적인 불균등 상태를 뜻한다. 반대로 지니계수가 0에 가까울수록 해당 국가의 소득분배가 균등해짐을 나타낸다. 지니계수 0은 한 국가에 있는 모든 사람의 소득이 같아서 완전히 균등해진 상태이다.

지니계수 개념으로 전 세계의 소득분배 상태를 측정한 것이 글로벌 지니계수이다. 글로벌 지니계수는 19~20세기에 걸쳐 꾸준히 증가했다. 전 세계적으로 소득 불균등 문제가 심화되었다는 뜻이다.

지니계수는 소득분배의 불균등 정도를 0과 1 범위에서 하나의 수치로 압축해 표시하므로 직관적이며 해석하기 쉽다는 장점이 있다. 그러나 불균등의 구체적인 형태를 전혀 설명하지 못한다는 한계가 있다.

연관 개념어   **5분위 배율**

탄력성

elasticity

변수 A가 달라질 때 변수 B가 얼마나 반응하는지를 측정하는 경제 개념이 탄력성이다. 원인을 제공하는 변수와 그에 반응하는 변수가 무엇인지에 따라 이름이 다양한 탄력성이 나타난다. 이 가운데 제일 널리 쓰이는 개념은 가격이 변화할 때 수요량이 얼마나 변화하는지를 측정하는 수요의 가격 탄력성이다.

탄력성은 아무 단위 없이 숫자로만 표시한다. 만약 어느 재화에 대한 수요의 가격 탄력성이 1보다 크면 가격이 변화한 비율보다 수요량 변화 비율이 더 크다는 뜻이다. 수요량이 가격 변화에 많이 반응하는 재화임을 알 수 있다. 이때를 탄력적이라고 표현한다.

가격 변화율보다 수요량의 변화율이 적은 재화도 있다. 수요량이 가격 변화에 따라 많이 달라지지 않는 재화이다. 이때는 수요의 가격 탄력성이 1보다 작으며, 비탄력적이라고 해석한다. 쌀, 생수, 대중교통, 약 등이 그렇다.

풍년의 역설이란 경제 개념이 있다. 농부에게 풍년보다 기쁜 소식이 없을 테지만 경제적으로는 풍년이 좋은 소식이 아닐 수 있는 역설적 상황을 나타낸다. 가령 양파 농사가 풍작을 이루면 공급이 늘어나 값이 크게 낮아진다. 그런데 양파에 대한 수요는 비탄력적이어서 값이 크게 낮아지더라도 판매량은 별로 증가하지 않는다. 결과적으로, 풍년이 들면 농가 수입(=가격×판매량)이 오히려 감소하므로 풍년의 역설 현상이 나타난다. 이 모든 것은 탄력성 때문에 나타난다.

이 외에 소득이 변화할 때 수요가 얼마나 변화하는지를 측정하는 수요의 소득 탄력성, 재화 X의 가격이 변화할 때 재화 Y의 수요가 얼마나 달라지는지를 측정하는 수요의 교차 탄력성, 가격이 변화할 때 공급량이 얼마나 반응하는지를 측정하는 공급의 가격 탄력성 등이 있다.

$$\text{수요의 가격 탄력성} = \frac{\text{수요량 변화율(\%)}}{\text{가격 변화율(\%)}}$$

한계비용/평균비용

marginal cost/average cost

한계비용은 기업이 재화 하나를 더 생산할 때 추가로 들어가는 비용이다. 예를 들어 재화를 1개 생산하는 데 1백만 원, 2개 생산하는 데 110만 원이 들어간다면 두 번째 재화를 생산하는 한계비용은 10만(110만-1백만) 원이다.

한계비용, 평균비용, 총비용은 밀접하게 연관되어 있으나 다른 개념이다. 위의 사례에서 총비용은 1개 생산할 때 1백만 원, 2개 생산할 때 110만 원이다. 평균비용은 총비용을 생산량으로 나눈 개당 생산비(단가)를 의미하므로 1개 생산할 때는 1백만 원, 2개 생산할 때는 55만(110÷2) 원이다.

'한계'와 '평균' 사이에는 흥미로운 관계가 있다. 경제 시험의 평균 점수가 70점인 학급에 그보다 성적이 좋은, 가령 90점인 학생이 더해지면 학급의 평균 점수가 올라간다. 이번에는 성적이 평균보다 낮은, 가령 50점인 학생이 더해지면 학급의 평균 점수가 내려간다.

기업의 한계비용과 평균비용 사이에도 마찬가지 현상이 발생한다. 재화를 하나 더 생산할 때의 한계비용이 평균비용보다 적으면 해당 재화를 생산할 때 평균비용이 낮아진다. 만약 한계비용이 평균비용보다 많으면 해당 재화를 생산할 때 평균비용이 올라간다.

연관 개념어 **한계생산 체감의 법칙**

한계생산 체감의 법칙

law of diminishing marginal product

기업이 생산하기 위해서는 노동, 자본, 토지 같은 생산요소를 사용해야 한다. 생산량을 늘리려면 생산요소를 더 많이 써야 한다. 생산과정에서 특정 생산요소를 하나 더 늘릴 때 생산량이 얼마나 늘어나는지를 계산한 것이 한계생산(한계생산력)이다. 가령 노동자 1명을 추가로 투입한 결과 생산량이 10개 늘어났다면 노동의 한계생산은 10이다.

노동자를 계속 1명씩 추가할 때마다 한계생산은 점차 줄어든다. 이것을 한계생산 체감의 법칙이라 한다. 농업이 주된 산업이었던 과거에 농지에서 작업하는 농부가 1명씩 증가할 때 한계 수확량이 점차 줄어드는 현상을 수확 체감의 법칙law of diminishing marginal returns이라고 불렀다. 이후 제조업과 서비스업이 발달하면서 한계생산 체감의 법칙이라는 용어로 일반화되었다. '체감'이란 차례로 줄어든다는 뜻이다.

농작물 생산량을 늘리기 위해 일하는 사람을 늘리는

경우를 생각해보자. 처음 한 사람이 일할 때 생산량이 10 상자 늘어났지만, 일하는 사람이 1명씩 계속 늘어난다고 해서 생산량이 매번 10상자씩 늘어나지는 않는다. 추가로 얻는 생산량은 10상자에서 8상자, 6상자와 같이 줄어든다. 만약 한계생산이 체감되지 않고 계속 일정하게 유지된다면, 일하는 사람을 무한정 사용함으로써 농작물 생산량을 무한대로 늘릴 수 있는 꿈같은 결과가 나타난다. 한계생산 체감의 법칙은 일하는 사람의 수를 적절하게 정해야 한다는 사실을 시사한다.

연관 개념어 **한계효용 체감의 법칙**

한계효용 체감의 법칙

law of diminishing marginal utility

한계효용은 소비자가 재화 소비량을 하나씩 늘릴 때마다 추가로 얻는 효용이다. 그런데 소비자가 재화를 하나씩 더 소비할 때마다 얻는 한계효용은 점차 감소한다. 이것이 한계효용 체감의 법칙이다. 배고픈 상태에서 삼겹살을 첫입 먹으면 형언할 수 없는 한계효용이 느껴진다. 두 번째 삼겹살 역시 상당한 한계효용을 주지만 첫 번째만큼은 아니며, 세 번째 삼겹살의 한계효용은 두 번째 삼겹살에서 다시 줄어든다.

한계효용이 체감된다는 법칙에는 예외가 없지만 체감 정도는 재화에 따라 달라진다. 꿈에 그리던 휴가나 멋진 곳에서 좋은 사람과 보내는 여행은 여러 날이 지나더라도 한계효용이 조금씩 줄어든다. 반면 영화나 잡지는 한 번 보고 나면 한계효용이 급속히 줄어들기 때문에 같은 것을 2회 보는 사람이 거의 없다.

한계효용 체감의 법칙은 기업이 가격을 정하거나 판

매 전략을 세울 때 중요한 역할을 한다. 소비자는 라면 1봉지에서 얻는 한계효용이 점차 줄어들기 때문에 내려는 돈도 적어진다. 가령 1봉지에 1천 원을 내고 라면을 구매하더라도 5봉지를 5천 원에 구매하는 것을 망설인다. 소비자가 라면을 많이 구매하도록 유도하려면 한계효용 체감에 맞춰 가격도 낮춰야 한다. 라면 1봉지에 1천 원이라면 5봉지 1묶음에 4천 원에 판매하는 식이다. 한계효용 체감의 법칙은 가격과 수요량이 역의 관계라는 수요의 법칙을 이해하는 데 중요하다.

기업이 판매하는 재화에도 한계효용 체감의 법칙이 영향을 미친다. 카페가 커피만 판다면 한계효용 체감의 법칙 때문에 손님의 발길이 점차 뜸해진다. 이를 막기 위해 카페는 커피 외에 다양한 음료와 제과를 함께 판매하여 소비자가 여러 제품에서 많은 한계효용을 누리게 한다.

(연관 개념어) **수요의 법칙**

희소성

scarcity

사람의 욕구는 기본적으로 무한하다. 그러나 욕구를 충족해주는 이 세상의 인적 및 물적 자원은 한결같이 유한하다. 그래서 사람들이 원하는 재화를 무한히 만들어낼 수 없다. 이러한 상황을 희소성 또는 '희소하다'라고 한다. 만약 자원이 희소하지 않다면 재화를 원하는 만큼 생산할 수 있고 사람의 욕구도 무한정 충족할 수 있어 경제 문제가 애초부터 생기지 않는다. 경제학이라는 학문도 필요 없다.

그러나 현실은 그렇지 못하다. 자원은 희소하며, 그 희소성 때문에 합리적 선택이 중요해진다. 한마디로 희소성은 경제학의 근간이다. 희소한 재화를 경제재라고 부르는 이유도 이 때문이다. 일부 자연 자원은 누구나 무료로 접할 수 있어서 희소하지 않은 듯할지 몰라도, 공유지의 비극이 보여주듯이 사용하다 보면 고갈된다는 점에서 희소하다는 사실에는 변함이 없다.

희소한 자원을 놓고 서로 차지하려는 경쟁이 생겨난다. 시장경제에서는 가격을 통해 희소한 자원을 체계적으로 배분한다. 즉, 가격에 해당하는 만큼의 돈을 낼 의향이 있는 사람이 희소한 자원을 소유한다. 힘이 센 사람부터, 선착순으로, 추첨을 통해서도 희소한 재화를 배분할 수 있으나 가격을 대신할 만큼 효율적이지 않다.

연관 개념어 **공유지의 비극**

5분위 배율

income quintile share ratio

벌어들인 소득이 적은 사람부터 많은 사람순으로 오름차순으로 정리한 뒤 전체 인구를 5등분한다. 여기서 소득이 제일 높은 상위 20%(5분위)에 해당하는 사람들의 소득이 하위 20%(1분위)에 해당하는 사람들의 소득보다 몇 배 많은지를 계산한 값이 5분위 배율이다.

　　모든 국민의 소득이 완전히 평등하다면 5분위 배율의 값은 1일 것이다. 5분위 배율이 1을 넘어 커질수록 상위 20%의 소득이 하위 20%의 소득보다 많아짐을 의미하므로 소득 불균등 정도가 심해진다고 해석할 수 있다.

　　5분위 배율은 최하위와 최상위 계층의 소득을 비교하므로 양극화 정도를 측정하는 데 유용하고 해석도 편리해 다른 소득 불균등 측정 지표인 지니계수와 함께 자주 쓰인다. 그렇지만 중간 계층(2~4분위)의 소득을 전혀 고려하지 않으며, 지니계수보다 체계성이나 이론적 배경이 약하다는 단점이 있다.

비슷한 개념으로 10분위 배율이 있다. 소득수준에 따라 전체 인구를 5개가 아니라 10개로 구분하고 상위 10%(10분위)의 소득이 하위 10%(1분위) 소득의 몇 배인지를 계산한 것이다. 해석도 같아 10분위 배율의 값이 클수록 소득분배가 불균등해진다.

이름이 거의 같아 헷갈리기 쉬운 10분위 분배율도 있다. 소득수준에 따라 전체 인구를 10개로 구분하는 것까지는 같고, 하위 40%의 소득을 상위 20%의 소득으로 나눠 계산한다는 점이 다르다. 하위 계층의 소득을 계산식의 분자에 놓으므로 정반대로 해석해야 한다. 즉, 10분위 분배율값이 클수록 소득분배가 균등해진다는 의미이다. 10분위 분배율의 최솟값은 0, 최댓값은 2이며, 모든 국민의 소득이 완전히 평등할 때 10분위 분배율은 2가 된다.

연관 개념어 **지니계수**

2장

국가와
사회

앞 장에서 미시경제에 해당하는 경제 개념어와 경제 원리를 살펴봤고, 여기서는 숲이라 할 수 있는 거시경제에 해당하는 개념어와 경제 원리를 알아볼 것이다. 숲과 나무로 구분해 표현할 뿐 둘은 독립적인 대상이 아니다. 나무가 모여 숲을 이루기 때문이다.

미시경제와 거시경제도 그렇다. 둘을 완전히 별개의 주제라고 생각하면 오해이다. 경제 주체 하나하나의 경제활동이 모여 거시경제라는 큰 그림으로 나타나기 때문이다. 그러므로 거시경제를 온전히 이해하려면 미시경제에 대한 개념과 원리가 근간이 되어야 한다.

여기서는 많은 재화와 서비스의 가격을 하나로 통합한 물가와 인플레이션, 우리나라에서 생산되는 모든 재화와 서비스의 생산 활동과 소비 활동을 총합한 국내총생산과 경제성장, 우리나라 전체 노동 여건을 드러내는 실업률과 고용률을 파헤친다.

우리나라 경제를 더 발전시키고 경기를 안정적으로 운용하기 위한 정부 정책 등과 관련한 경제 개념어도 이 장의 영역에 속한다. 국제수지나 환율처럼 외국과의 무역에서 파생되는 각종 경제 용어의 의미도 다룰 것이다.

이 장을 읽을 때는 시각과 사고의 범위를 확대할 필요가 있다. 개별 경제 주체의 시각에서가 아니라 우리나라 경제 전체를 조망하는 관점에서 내용을 받아들이면 "나무만 보고 숲을 보지 못한다"라는 지적에서 해방될 수 있다.

거시경제학/미시경제학

macroeconomics/microeconomics

경제학의 연구 분야는 크게 미시경제학과 거시경제학으
로 나뉜다.

미시경제학은 소비자가 주어진 소득과 예산을 어떻
게 소비하고 기업이 어떤 방식으로 생산하는지, 정부가
세금을 어떻게 걷고 지출하는지를 탐구하고, 경제 의사
결정이 서로에게 어떤 영향을 미치는지를 분석한다. 시
장에서 가격이 어떻게 결정되며 수요와 공급이 변화할
때 가격이 어떤 영향을 받는지, 그리고 경제 주체의 다양
한 행위가 개인과 사회의 후생에 어떤 영향을 미치는지
를 분석하는 일도 미시경제학의 영역이다.

미시micro라는 말은 작게 본다는 뜻이다. 이를 예산이
적은 소비자나 매출 규모가 작은 중소기업을 분석하는
일로 생각한다면 오해이다. 미시는 외형적 규모를 따지
는 것이 아니라 개인, 기업, 정부처럼 한 국가를 구성하는
'개별' 경제 주체의 선택에 초점을 두고 들여다본다는 뜻

이다. 웬만한 국가의 경제 규모보다 큰 애플이나 삼성전자 같은 기업의 의사 결정과 스마트폰 시장을 탐구하는 것은 미시경제학의 영역이다.

거시경제학의 거시macro는 크게 본다는 뜻이다. 거시경제학은 한 국가의 경제를 '총체적으로' 분석하는 분야이다. 경기와 경기변동, 국내총생산과 경제성장률, 물가와 인플레이션, 실업률과 고용률, 통화 정책과 재정 정책 같은 주제는 국가 경제에 초점을 두므로 거시경제학에서 다룬다.

경기변동

business fluctuations

경기는 한 국가 경제의 전반적인 활동 수준을 가리킨다. 인생에 오르막이 있으면 내리막이 있는 이치와 같이 때로는 좋다가 때로는 나쁜 상태를 되풀이한다. 경기가 좋다는 것은 생산, 소비, 투자 같은 경제활동이 평균보다 더 활발한 상태를 말하며, 경기가 나쁘다는 것은 반대의 상태를 말한다.

이처럼 경기가 좋고 나쁨을 되풀이하는 현상을 경기변동 또는 경기순환business cycle이라고 한다. 보통 경기변동은 경기가 좋아지는 상승 국면(확장 국면)과 경기가 나빠지는 하강 국면(수축 국면)으로 나뉜다. 경기상승 국면은 다시 회복기와 호황기로, 경기하강 국면은 후퇴기와 불황기로 나뉜다. 즉, 경기변동은 '회복→호황→후퇴→불황'의 과정을 반복하는 현상이다.

경기가 일정하게 유지되지 않고 끊임없이 변동하는 데는 투자, 통화량, 금리 등 경제 내부 변수에 원인이 있기도 하지만 전쟁, 전염병, 신기술 발명, 새 자원 발견 등 경제 외부의 요인도 만만치 않다. 심지어 태양흑점이 경기변동의 원인으로 꼽히기도 한다.

원인이 무엇이든 경기변동이 심하면 불확실성이 커져 소비자나 기업이 합리적으로 의사를 결정하거나 미래에 대비해 계획을 세우기 어렵다. 그러므로 정부는 경기변동 자체를 완전히 없애지는 못하더라도 그 폭을 줄이기 위해 경제 안정화 정책을 펼친다. 구체적으로 어떤 정책 수단을 활용하느냐에 따라 경기 안정화 정책은 재정 정책과 통화 정책으로 나뉜다.

(연관 개념어) **재정 정책, 통화 정책**

경상수지

current account

경상수지는 국제수지의 주요 항목 가운데 하나로, 상품수지, 서비스수지, 본원소득수지, 이전소득수지 4개 항목으로 구성된다.

상품수지는 상품(재화)의 수출액과 수입액의 차액이다. 수출액이 수입액보다 많으면 상품수지 흑자, 수입액이 수출액보다 많으면 상품수지 적자다.

서비스수지는 외국과 서비스를 거래하며 지급한 돈과 수취한 돈의 차액이다. 예를 들어 우리나라 사람이 해외여행에서 쓴 돈, 외국에서 광고하는 데 들인 비용, 외국 선박을 이용해 물건을 보내고 지급한 운임, 지식재산권 사용료 등은 우리나라가 외국에 지급하는 돈이다.

본원소득수지는 급료 및 임금, 투자에서 발생하는 소득을 기록하는 항목이다. 가령 한국인이 외국에 1년 미만 머물면서 일한 대가로 받은 보수, 외국인이 우리나라에서 1년 미만 일하면서 받은 보수 등이 급료 및 임금수지에 속한다. 투자에서 발생하는 소득으로는 금융자산에서 발생하는 배당금과 이자가 있다.

대가가 따르는 보통의 거래와 달리, 친척에게 보내는 결혼 축의금, 지진 피해국에 대한 식량이나 의약품 무상 원조, 국제기구 출연금 등은 대가 없이 이루어지는 독특한 거래이다. 이러한 거래를 이전 거래라고 부르며 이를 기록하는 항목이 이전소득수지이다.

경상수지가 흑자이면 국내 기업의 생산 활동이 활발해지고 일자리와 소득이 늘어난다. 흑자 덕분에 유입되는 외화로 빚을 갚아 외채를 줄이거나 외국에 투자해서 이자나 배당금을 벌 기회도 생긴다.

경상수지 흑자에 긍정적 측면만 있지는 않다. 경상수지 흑자는 국내 통화량을 늘려 물가를 오르게 하는 요인이 된다. 특히 상품수지 흑자가 오래 유지되면 교역 상대국과의 무역 마찰을 피하기 힘들다.

상품수지와 유사해 혼동하기 쉬운 개념으로 무역수지가 있다. 둘 다 상품(재화)의 수출액과 수입액의 차액을 기록한다는 점은 같은데, 통계를 집계하는 기관과 기준이 다르다. 예를 들면 두 지표는 수출입액을 산정하는 시점이 다르다. 관세청이 작성하는 무역수지는 수출입 상품의 통관 시점, 즉 수출입 신고가 수리되는 시점에 통계를 집계하는 데 비해, 한국은행이 작성하는 상품수지는 수출입 상품의 경제적 소유권이 이전되는 시점에 통계를 집계한다.

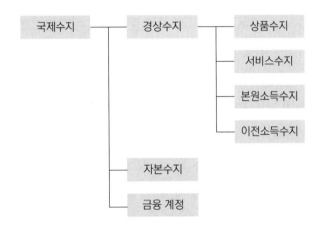

연관 개념어) 국제수지

경제 고통 지수

misery index

경제 고통 지수는 국민이 경제 때문에 얼마나 심한 고통을 겪고 있는지를 측정하는 지표이다. 국민이 경제생활에서 겪는 고통의 주된 원인이 일자리 문제와 생활비 상승이라고 보고 실업률과 물가 상승률을 더해 경제 고통 지수를 산출한다. 이 지표는 경제학자 아서 오쿤^{Arthur Okun}이 제안했다.

일반적으로 실업률과 물가 상승률은 상충 관계^{trade-off}에 있다. 즉, 실업률이 오르면 물가 상승률은 내려가 경제 고통 지수의 상승을 억제한다. 그렇지만 실업률과 물가 상승률이 동반 상승하는 스태그플레이션^{stagflation} 시기에는 경제 고통 지수가 급증해 국민의 경제적 고통이 최고조에 이른다. 우리나라의 완전고용 실업률이 2~3%, 한국은행의 물가 안정 목표치가 2%라는 사실을 고려하면 경제 고통 지수가 4~5% 범위면 만족스러운 경제 상태라 평가할 수 있다. 연령별로 보면 20대의 경제 고통 지수가 높은데, 이는 청년 실업률이 유독 높은 탓이다.

경제 고통 지수는 구하기가 매우 간편하고 해석하기도 쉬우나, 그만큼 정교하지 못하다. 이에 지표를 보완하려는 여러 시도가 나타났다. 실업률이 1%p 오르는 것과 물가 상승률이 1%p 오르는 것이 국민에게 같은 정도의 고통을 준다는 가정은 지나치게 단순하므로 가중치를 두려는 시도가 그 가운데 하나이다. 실업률과 물가 상승률만으로 경제적 고통을 대표하기엔 충분하지 않다는 판단에서 은행 대출금리나 일인당 국내총생산 증가율 같은 변수를 추가하는 연구도 있다.

경제 고통 지수와 대비되는 성격의 경제 용어로 골디락스Goldilocks가 있다. 구체적인 지표는 아니지만, 실업률이 낮아 경제가 견실하면서 물가까지 안정된 이상적인 상태를 골디락스 경제라고 부른다. 골디락스는 '골디락스와 곰 3마리'라는 영국 전래 동화의 주인공인 금발 소녀의 이름이다.

경제 고통 지수 = 실업률 + 물가 상승률

연관 개념어 **스태그플레이션, 실업률, 인플레이션**

경제성장률

economic growth rate

경제성장률은 한 국가의 국내총생산^{GDP}이 전년보다 얼마
나 증가했는지를 나타내는 비율이다. 시간이 지나면서
국가 경제 규모가 얼마나 빠르게 커지는지를 측정하는
지표라 할 수 있다.

그런데 국내총생산을 계산할 때 사용하는 시장가치
는 물가 변화의 영향을 받는다. 즉, 생산량이 변하지 않아
도, 심지어 생산량이 줄어도 물가가 크게 오르면 국내총
생산이 증가한 것으로 측정된다. 이처럼 당시 물가를 그
대로 반영해 측정한 국내총생산을 명목 국내총생산이라
고 부른다.

어느 해에 물가가 상승해서 불어난 명목 국내총생산
을 놓고 경제성장률이 높으며 경제가 건강하게 성장했다
고 말하기는 곤란하다. 그래서 명목 국내총생산에서 물
가 변동의 영향을 제거해 실질 국내총생산을 구한다.

경제성장률을 계산할 때는 '실질' 국내총생산을 사

용하는 것이 자연스럽다. 실질 국내총생산은 물가 변동에 의한 부분을 배제하고 순수하게 생산량 변화를 보여주기 때문이다. 요약하면, 경제성장률은 '실질' 국내총생산이 전년 대비 몇 퍼센트 증가했는지를 계산한 것이다. 우리나라는 1980년 제2차 석유파동, 1998년 경제 위기, 2020년 코로나19 팬데믹 시기에 경제성장률이 음수를 기록해 경제가 뒷걸음질한 아픔이 있다.

$$\text{올해 경제성장률(\%)} = \frac{\text{올해 실질 GDP} - \text{전년 실질 GDP}}{\text{전년 실질 GDP}} \times 100$$

연관 개념어 **국내총생산, 실질금리, 실질임금**

경제활동 참가율

labor force participation rate

경제활동 참가율은 국민의 노동 참여 현황이나 경제활동 상태를 나타내는 고용 지표 가운데 하나이다.

개인의 경제활동 상태는 크게 취업, 실업, 비경제활동 가운데 하나로 분류할 수 있다. 취업은 수입을 목적으로 1시간 이상 일하고 있거나, 가구원이 운영하는 사업체나 농장에서 18시간 이상 무급으로 일하는 상태를 말한다.

취업자와 실업자의 수를 합하면 경제활동인구가 된다. 실업자의 구직 활동을 '구직'이라는 경제활동을 하는 것으로 보기 때문이다. 우리나라에서는 만 15세 이상의 노동 가능 인구를 대상으로 경제활동 상태를 조사하는데, 전체 대상자 가운데 경제활동인구가 차지하는 비율이 경제활동 참가율이다.

우리나라의 경제활동 참가율은 62~63% 수준이다. 다시 말하면 15세 이상 인구 10명 가운데 4명 정도가 경제활동에 참여하지 않는다는 뜻이다. 성별로는 남성의 경제활동 참가율이 여성보다 20%p 정도 높아 성별 격차가 매우 심하다. 고학력자일수록 경제활동 참가율이 높아지며, 20대와 60대의 경제활동 참가율이 다른 연령대보다 현저하게 낮다.

경제활동인구 가운데는 실업자도 포함되어 있어 실업자가 많아져도 경제활동 참가율이 높아질 수 있다. 그러므로 경제활동 참가율을 볼 때는 실업 관련 통계도 함께 살펴봐야 한다.

15세 이상 노동 가능 인구 가운데 경제활동인구를 제외한 사람들을 비경제활동인구로 부른다. 즉, 취업자도 실업자도 아닌 사람들이다. 전업주부, 학생, 구직 단념자, 취업 준비자, 연로자 등이 여기에 해당한다. 우리나라는 비경제활동인구가 전체의 3분의 1이 넘을 정도로 많은 편이다.

$$경제활동\ 참가율(\%) = \frac{취업자 + 실업자}{15세\ 이상\ 인구} \times 100$$

연관 개념어 **고용률, 실업률**

고용률

employment rate

고용률은 15세 이상 인구 가운데 취업자가 차지하는 비율이다. 즉, 노동할 수 있는 인구 가운데 얼마나 많은 사람이 취업해 일하고 있는지를 측정한 지표이다. 실업률이 사실상 실업자와 다름없는 사람들을 포함하지 않는 한계가 있기 때문에 이를 보완하기 위해 사용 빈도와 중요성이 높아졌다.

실업률보다 고용률이 더 중요하다는 시각도 있다. 한 국가의 노동시장이 얼마나 건강한지를 더 잘 판단할 수 있게 해주는 지표가 고용률이라는 생각에서다. 국제적으로 정해진 공식 기준은 없으나, 대개 고용률이 70% 이상이면 노동시장이 건강하다고 하고, 50% 이하이면 노동시장의 문제가 심각하다고 해석한다.

경제협력개발기구OECD가 고용률을 산출하는 방식은 약간 다르다. 통계에서 65세 이상 고령자를 배제하고 15~64세 인구 가운데 취업 중인 사람의 비율로 계산한다. 이 정의에 의하면 우리나라 고용률은 60%대 후반으로 다른 OECD 회원국보다 낮은 편이다. 일본, 네덜란드, 스웨덴, 스위스 등의 고용률은 75%를 넘어선다.

우리나라 고용률을 성별로 비교하면 남성이 여성보다 월등히 높으며, 연령별로는 20대와 60대의 고용률이 중장년에 비해 낮다. 고학력자일수록 고용률도 높아진다.

고용률 지표에도 한계는 있다. 고용의 질, 고용 상태의 안정성, 취업자 수입, 근로시간 등에 대한 고려 없이 취업자라면 모두 같게 취급하기 때문이다.

$$고용률(\%) = \frac{취업자}{15세\ 이상\ 인구} \times 100$$

(연관 개념어) **실업률**

관세

tariff

관세는 외국에서 수입하는 상품에 정부가 부과하는 조세로, 보호무역을 펼 때 가장 대중적으로 사용하는 수단이다.

수입품에 관세를 부과하는 것이 일반적이지만, 아주 드물게 외국으로 수출하는 상품에 수출관세를 부과하기도 한다. 국내 수급을 안정시키거나 특정 정책 목적을 위해 수출을 통제할 필요가 있을 때 그렇다.

정부가 수입품에 관세를 부과하는 주된 목적은 자국 산업을 보호 및 육성하기 위해 수입을 억제하는 데 있다. 관세는 정부의 재정수입 증대에도 도움이 된다. 러시아가 2022년에 우크라이나를 침공했을 때 미국이 러시아 수입품의 관세율을 인상한 것처럼 정치적 고려 때문에 관세를 부과하기도 한다. 무역 상대국이 우리 상품에 불리한 대우를 하면 맞대응하기 위해 상대국에서 수입하는 상품에 보복관세를 부과하기도 한다.

고대 그리스의 도시국가 아테네가 항구로 들어오는

수입 곡물에 관세를 부과했다는 기록이 있을 정도로 관세의 역사는 오래됐다. 그렇지만 관세의 역할이 중요해진 시기는 한 국가의 부를 금, 은, 기타 자원 보유량으로 측정했던 중세이다. 수출보다 수입을 많이 하면 금이 외국으로 빠져나가 국부가 유출된다고 믿었던 당시 유럽 열강은 자국 상품을 안정적이고 배타적으로 대량 수출할 수 있는 식민지를 개척하는 데 열을 올렸다.

관세 중에는 상계관세counttervailing duties도 있다. 국가로부터 보조금이나 장려금을 받으며 수출한 상품은 그만큼 가격 측면에서 유리해져 수입국 산업에 피해를 줄 수 있다. 이때 수입국이 보조금 효과를 상쇄하려고 부과하는 관세를 말한다.

연관 개념어 **보호무역, 비관세장벽**

구직 단념자

discouraged worker

구직 단념자 또는 구직 포기자의 정의는 국가에 따라 다소 다르다. 우리나라는 취업 의사와 가능성이 있으나 지난 4주간 구직 활동을 하지 않은 사람 가운데 지난 1년 안에 구직 경험이 있는 사람으로 정의한다. 쉽게 이야기하면 구직 경험은 있으나 취업이 어려워 지난 4주간 구직 활동을 지레 포기한 사람을 일컫는다. 미국도 같은 잣대로 정의한다.

경제활동 상태를 조사할 때 구직 단념자는 지난 4주간 구직 활동을 하지 않았으므로 실업자로 분류되지 않는다. 대신 비경제활동인구로 분류된다. 따라서 구직 단념자가 대폭 증가하더라도 실업자가 늘어나지 않는 문제가 생긴다. 이들은 '사실상' 실업자이다. 그래서 통계청은 현재 실업자는 아니나 향후 노동시장에 편입될 가능성이 큰 사람이 얼마나 되는지를 파악하기 위해 구직 단념자 통계도 함께 작성하고 있다.

이런 문제점을 고려한 미국은 실업률 지표 외에도, 다양한 원인으로 숨어 있는 실업자들을 실업자로 포함하는 보조 지표들을 추가로 계산해 정책에 반영한다. 가령 U4는 실업자에 구직 단념자까지 더해 계산한 실업률 지표이다.

구직 단념자와 니트족NEET은 성격이 다르다. 'Not in Education, Employment or Training'의 약자인 니트족은 단지 구직을 위해 노력하지 않는 사람을 나타낼 뿐 그 동기에 관해서는 제약이 없다. 일자리가 없어서든 재산이 많아서든 일하기 싫어서든 상관없이 모두 니트족이 될 수 있다. 반면 구직 단념자는 구직하기 위해 노력하다가 지쳐 포기한 사람이다.

(연관 개념어) **실업률**

구축 효과

crowding out effect

정부가 경기 활성화를 위해 재정지출을 확대할 때 민간 부문의 소비와 투자가 위축돼 경기 부양 효과를 상쇄하는 현상을 구축 효과라 부른다. 원 안에 사람이 가득할 때 (경제 현황) 원 안으로 한 사람을 밀어 넣으면(정부 지출 확대) 안에 있던 누군가가(민간 소비와 투자) 원 밖으로 밀려나는(구축되는) 현상에 비유할 수 있다.

국내총생산은 소비, 투자, 정부 지출, 순 수출의 합이므로 정부가 확장 재정 정책을 채택해 정부 지출을 늘리면 국내총생산이 늘어나고 경기가 좋아지는 효과를 기대할 수 있다. 이러한 긍정 효과는 정부 지출이 늘어나더라도 소비나 투자가 유지된다고 전제해야 기대할 수 있다. 현실에서는 정부 지출 확대로 인해 소비나 투자가 위축되는 구축 효과가 발생해 재정 정책의 경기 활성화 효과가 반감되거나 전혀 없을 수도 있다. 신고전학파, 통화주의자 등이 재정 정책의 무용함을 주장하면서 내세우는 근거 가운데 하나이다.

구축 효과가 발생하는 원인은 정부가 돈을 조달하는 방법에서 찾을 수 있다. 정부는 지출을 늘리기 위해 세금을 더 거두거나 국채를 팔아 소비자나 기업으로부터 돈을 빌려야 한다. 정부가 증세 수단을 쓰면 개인의 소비나 기업의 투자가 위축된다. 정부가 국채를 발행해 돈을 빌리면 금리가 상승해 역시 소비와 투자가 둔화한다. 이래저래 구축 효과가 나타난다.

구축 효과와 상반되는 효과를 주장하는 이론도 있다. 경기 불황이 심해 경제에 유휴 자원과 유휴 노동력이 상당히 많은 시기에는 재정지출 확대가 고용을 창출하고 기업에 새로운 사업 기회를 제공하여 투자를 유도할 수 있다는 주장이다. 이 현상을 흡인 효과crowding in effect라 한다. 흡인 효과는 정부가 도로, 상수도, 철도, 공항, 항만 등 사회 기반 시설 투자를 늘리는 경우, 그리고 경기 침체가 심한 시기에 발생할 가능성이 크다.

(연관 개념어) 국·공채, 재정 정책

국내총생산

gross domestic product

국내총생산, 영어로 GDP는 한 국가 영역에서 일정 기간에 생산한 최종 생산물의 시장가치를 모두 합한 값이다. 최종 생산물은 시장에서 팔려 가계가 소비하거나 기업이 투자하는 데 쓰이며, 그 판매 대금으로 기업이 받은 돈은 사람들의 소득으로 분배된다. 이 점에서 국내총생산은 해당 국가의 경제 성적표 또는 국민의 경제생활수준을 대표한다. 우리나라에서는 한국은행이 국내총생산 통계를 작성, 발표한다.

국내총생산, 즉 1년 동안 생산한 최종 생산물은 크게 가계 소비, 기업 투자, 정부 지출, 그리고 외국으로의 순 수출 4가지 용도로 처분된다. 이 4개를 모두 합해 총수요aggregate demand라고 한다.

국내총생산 개념과 비슷해 혼동하기 쉬운 지표로 국민총생산GNP이 있다. '국내'총생산이 한 국가의 국토 공간 안에서 생산된 것들의 가치를 모두 합하는 데 비해 '국

112

민'총생산은 국토 공간을 불문하고 자국민이 생산한 것들의 가치를 모두 합한다는 것이 다르다. 두 지표의 차이는 한국 기업이 외국에 진출해 생산한 최종 생산물의 가치와 한국에 있는 외국 기업이 생산한 최종 생산물의 가치 가운데 어느 쪽이 큰지에 달려 있다.

국내총생산은 가정에서의 경제활동과 암시장, 지하경제 같은 비공식적 경제활동을 반영하지 않는다는 비판을 받는다. 경제활동의 부산물로 발생하는 환경오염, 자원 고갈에 따르는 비용도 포함되지 않는다. 국민 삶의 질이나 행복감을 측정하기에 부적절하다는 한계도 있다. 그렇지만 아직은 국내총생산을 대체할 더 나은 지표를 개발하지 못해 여전히 한 국가의 경제적 성공을 가늠하는 대표 지표로 자리매김하고 있다.

연관 개념어) 총수요, 경제성장률

국제수지

balance of payment

국제경제 거래에서도 화폐를 지급하거나 수취하는 등 돈이 이동한다. 국제수지는 일정 기간 동안 한 국가와 다른 국가들의 모든 경제 거래에서 나타난 화폐 흐름을 체계적으로 기록한 통계이며, 이를 정리한 표가 국제수지표이다. 가정 살림을 기록하는 가계부처럼 한 국가의 개인, 기업, 정부의 모든 대외 거래를 기록하는 국가 가계부이다.

우리나라에서는 한국은행이 월별로 국제수지를 작성, 발표하고 있다. 흔히 물건을 수출하고 수입하는 거래만 국제수지에 기록한다고 잘못 알려졌는데, 소득을 주고받는 행위나 금융거래도 경제 거래에 해당하므로 모두 국제수지에 담긴다.

가계부에서 식비, 주거비, 공과금, 통신비, 교양·오락비 등을 구분하는 것처럼, 국제수지도 유형에 따라 크게 경상수지, 자본수지, 금융 계정으로 분류해 기록한다. 경상수지는 상품(재화) 거래, 서비스 거래, 임금, 이자, 배당금 지급 등을 기록하는 항목이다. 자본수지에는 자산 소유권의 무상 이전, 상표권이나 영업권 같은 무형자산의 취득과 처분 내역을 기록한다. 기업 경영에 참여하기 위한 직접투자, 주식이나 채권을 거래하는 증권투자, 파생 금융 상품 거래로 실현된 손익 등은 금융 계정에 기록한다.

19세기 이전까지는 국가 경제라는 개념이 뚜렷하지 않았고 금본위제도가 시행되어 국제수지로 인한 위기가 심각하지 않았다. 금본위제도가 폐지된 제2차 세계대전 이후 국제수지 불균형이 세계적인 경제문제 가운데 하나로 부각했다.

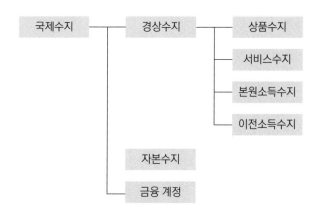

연관 개념어 경상수지

긴축 정책/확장 정책

contractionary policy/expansionary policy

경기가 좋은 상태를 반기지 않을 사람은 없을 것이다. 그런데 경기가 지나치게 좋아지면 물가가 크게 오르는 부작용이 생긴다. 이른바 경기 과열이다. 경기 침체도 반가운 소식이 아니지만 경기 과열도 피해야 한다. 인플레이션이 우려된다는 판단이 서면 정부는 재화나 서비스에 대한 총수요를 줄여 물가를 안정화하는 긴축 정책을 사용한다.

정부가 사용하는 정책 수단에는 재정 정책과 통화 정책이 있으므로 긴축 정책 역시 긴축 재정 정책과 긴축 통화 정책으로 구분할 수 있다. 긴축 재정 정책은 정부가 예산을 억제 또는 삭감하도록 편성해 씀씀이를 줄이고 거둬들이는 세금을 늘리는 것이고, 긴축 통화 정책은 중앙은행이 기준 금리를 인상해 통화량을 줄이는 것이다. 어떤 정책을 펴든 소비와 투자가 위축되고 소득이 감소해 물가 불안이 진정된다. 보통은 재정과 통화 양면에서 동시에 긴축 정책을 펴야 효과적이다. 긴축 정책을 선한 목적에서 실행하더라도 사회복지 프로그램과 관련한 지출 축소, 증세, 금리 상승, 실업자 증가 등이 뒤따르므로 인기가 없는 편이다.

경기 침체로 장사가 안되고 실업률이 높아지는 등 국민이 고통을 받으면 정부는 경기 활성화를 위한 정책을 시행하는데, 이를 확장 정책이라고 한다. 확대 정책, 팽창 정책, 완화 정책이라고도 불리며, 과열된 경기를 진정시키는 긴축 정책과 대비된다.

확장 정책은 정부가 재정지출을 확대하거나 세금을 감면함으로써 시장의 총수요를 늘리는 확장 재정 정책과, 한국은행이 기준 금리를 인하해 통화량 공급을 늘리는 확장 통화 정책으로 구분할 수 있다. 확장 정책을 펴면 소비자의 소비와 기업의 투자가 늘어나 생산과 고용과 소득이 증가한다.

코로나19 팬데믹 시기에 많은 사업장이 폐쇄되고 식당이 문을 닫는 등 심각한 경기 침체가 나타나자 대다수 국가가 정부 보조금을 크게 늘리고 기준 금리도 0%에 가까울 정도로 낮춰 경제에 돈을 풀었다. 대표적인 확장 정책 사례이다.

확장 재정 정책을 위해서는 정부 곳간에 돈이 넉넉히 있어야 한다. 그렇지 못한 국가는 국고채를 발행해 돈을 빌린다. 즉, 확장 재정 정책으로 경기가 회복되는 긍정효과도 있으나, 정부의 재정 건전성이 나빠지는 부작용이 나타난다. 금리를 0%에 가깝게 낮추는 확장 통화 정책을 펴면 대출이 크게 많아져 훗날 금리 상승기에 부채 상환에 어려움을 겪는 소비자와 기업이 생길 가능성이 크다.

(연관 개념어) 재정 정책, 통화 정책, 총수요, 기준 금리, 제로 금리 정책

보호무역

protectionism

모든 국가는 다른 국가와 무역하여 필요한 것을 구한다. 국내에서의 거래와 달리 무역에는 정부 정책, 지정학적 문제, 애국심 등 여러 크고 작은 장벽이 존재한다. 그 가운데 하나가 보호무역정책이다.

보호무역은 정부가 자국 산업을 지원하기 위해 자유무역을 제한하는 정책이다. 보호무역을 위한 구체적 정책 수단으로 관세, 쿼터(수입 할당), 수출 보조금, 품질 인증 등이 있는데, 국내에 유입되는 수입품을 비싸게 만들거나 희소하게 만들어 국내 기업과 근로자를 보호한다.

보호무역을 지지하는 사람들은 국내 산업을 육성하고 일자리를 창출함으로써 국내총생산을 높이고 국내 경제를 국제적으로 경쟁력 있게 만들 수 있다고 주장한다. 수입이 위축되므로 국가의 상품수지를 개선하는 데도 도움이 되며, 모든 선진국이 한때 보호무역을 통해 지금처럼 성장할 수 있었다는 역사적 사실을 근거로 제시한다.

자유무역은 선진국에만 유리하게 작용해 국가 간 빈부 격차를 확대한다는 비판도 있다.

보호무역을 주장한 대표적 인물은 독일 경제학자 프리드리히 리스트Friedrich List다. 그는 자유무역은 영국이 타국의 추격을 뿌리치기 위한 수단이라고 비판하고, 유아기 수준에 해당하는 독일 산업이 힘을 키울 수 있게 보호한 뒤에야 자유무역의 싸움터로 내보낼 수 있다는 유치산업 보호론을 피력했다. 많은 개발도상국이 이 주장을 보호무역정책의 근거로 삼았다.

한편 자유무역주의자들은 보호무역이 무역을 위축시키고 국내 산업을 보호해주는 대가로 국내 소비자의 후생을 희생시킨다고 지적한다. 국내 소비자가 수입품보다 품질이 낮은 국산품을 비싸게 구매해야 하기 때문이다. 또한 보호무역 때문에 경쟁력 없는 산업에 자원이 계속 투입되므로 자원 배분의 효율성이 떨어지고 규모의 경제 효과를 거둘 기회가 차단된다. 보호무역으로 보호받는 기업이 정부의 기대와 달리 연구 개발을 통해 혁신을 이루지 못하거나 상품의 질을 높이는 데 소홀해질 가능성도 있다.

연관 개념어   관세, 비관세장벽, 규모의 경제

비관세장벽

non-tariff barrier

일부 선진국이 보호무역 수단으로 관세에만 의존하던 관행에서 벗어나 국내 산업을 보호하는 데 효과적인 새로운 수단들을 도입하기 시작했는데, 이를 비관세장벽이라 한다. 비관세장벽의 구체적 수단은 쿼터, 수입 허가제, 수출 보조금, 품질 인증 등이다.

쿼터quota 또는 수입 쿼터는 우리말로 수입 할당 또는 수량 할당이라 한다. 가령 1년 동안 수입할 수 있는 최대 수량을 정한 후 그 한도 내에서만 수입을 허가한다. 자유무역하에서 수입되는 양보다 적은 수준으로 상한선을 설정함으로써 국내에 공급되는 수입품의 양을 줄이는 효과가 있다. 우리나라가 국내 영화 산업을 보호하기 위해 적용하는 스크린쿼터가 좋은 사례이다.

수입품의 양을 제한하는 데 그치지 않고 아예 수입 자체를 금지하는 엠바고embargo도 있다. 예를 들면 우리나라가 방사능에 오염될 우려가 있는 일본 후쿠시마산 수산물 수입을 금지하거나 미국이 북한과의 무역 자체를 금지하는 것 등이다.

수출 보조금은 정부가 수출 기업에 현금을 지원해주거나 세제 혜택을 제공하거나 대출금리를 우대해주는 등의 방법으로 이루어진다. 직·간접적으로 수출 기업의 비용을 줄여줌으로써 국제시장에서 외국 기업과의 가격 경쟁력을 유지할 수 있게 해준다.

품질 인증은 정부가 수입품의 품질, 안전성 등에 대한 조건을 까다롭게 설정하여 수입을 통제하는 수단이다. 가령 납, 카드뮴 같은 유해 물질이 포함된 전자 제품의 수입을 금지하거나, 배기가스 기준을 충족하지 못하는 내연기관 자동차의 수입을 유럽연합[EU]이 허용하지 않는 것 등이다. 민간 업자 사이에 무역 계약이 성립해도 정부로부터 수입 허가를 획득하지 못하면 수입할 수 없게 만드는 수입 허가제도 있다.

연관 개념어 **보호무역, 관세**

비용 인상 인플레이션/수요 견인 인플레이션

cost-push inflation/demand-pull inflation

인플레이션의 원인은 수요 측면과 공급 측면으로 나뉜다. 수요 측면에 원인이 있으면 수요 견인 인플레이션, 공급 측면에서 비롯하면 비용 인상 인플레이션이다.

수요 견인 인플레이션은 경제 전체의 총수요가 총공급보다 많아져서 물가가 오르는 현상이다. 총수요를 증가시키는 중요한 요인은 통화량 공급이다. 중앙은행이 통화량을 과도하게 공급하면 돈을 넉넉하게 보유하게 된 가계가 소비를, 기업이 투자를 늘려 총수요가 증가해 수요가 견인하는 인플레이션이 발생한다.

비용 인상 인플레이션은 재화나 서비스를 생산하는 데 필요한 생산요소의 비용이 상승하면 기업이 이를 제품 가격에 전가해 값을 올려서 발생하는 인플레이션이다. 원자재 가격 상승이 비용 인상 인플레이션을 유발하는 대표적 요인이다. 우리나라는 생산에 필요한 각종 원자재를 해외에 크게 의존하므로 국제시장에서 석유, 밀,

식용유 등의 가격이 오르면 그 부담을 고스란히 떠안는다. 이는 제품 가격의 상승으로 이어져 인플레이션이 발생한다. 또한 환율이 크게 오르면, 즉 원화가 약세로 돌아서면 수입하는 원자재나 부품의 국내 가격이 오르므로 인플레이션이 발생할 수 있다.

생산비에서 상당한 비중을 차지하는 임금 상승도 비용 인상 인플레이션의 원인 가운데 하나이다. 특히 임금이 상승하면 비용 인상 인플레이션이 발생할 뿐 아니라, 임금 상승으로 개인의 소득이 증가하여 소비가 늘어나서 수요 견인 인플레이션을 유발하고 이는 다시 근로자의 임금 인상 요구로 이어지기도 한다. 이처럼 임금-물가의 악순환wage-price spiral 또는 임금-물가의 상승 고리 현상이 나타나면 임금 인상이 인플레이션의 원인이자 결과가 되기도 한다.

연관 개념어) 인플레이션, 디플레이션

승수효과

multiplier effect

어떤 경제 변수가 일정량 증가할 때 그 영향으로 다른 변수가 더 많이 증가하는 증폭 현상을 승수효과라고 한다. 보통은 정부 지출 증가가 국민소득 증가에 미치는 영향을 설명할 때 적용하는 경제 개념이다.

승수효과에 따르면 경기 부양을 위해 정부가 100이라는 돈을 쓰면 경제 전체의 소득이 100만큼 증가하는 것이 아니라 그 이상으로 증가한다. 즉, '소득 증가액＝승수×정부 지출액'의 관계에서 승수가 1보다 크다는 뜻이다. 승수가 3이라면 정부 지출을 1백억 원 늘리는 확장재정 정책의 결과 경제 전체의 소득이 3백억 원 늘어나는 효과가 있다. 이 정책으로 인해 정부의 재정은 –1백억 원이 되지만, 늘어난 소득 덕분에 경제 전체는 +2백억 원의 순 편익을 얻는다.

승수효과가 나타나는 까닭은 경제활동이 무한히 순환하기 때문이다. 정부가 1백억 원을 경제에 투입하면 그 돈이 누군가의 소득으로 들어가 소비가 늘어나고, 소비한 돈은 다시 다른 사람의 소득과 소비로 이어지는 과정이 무한히 반복된다. 이 과정에서 사람들의 늘어난 소득을 모두 합하면 최초의 1백억 원보다 수치가 커진다.

승수의 값은 소득이 늘어난 사람들이 얼마나 소비를 늘리는지를 측정한 수치인 한계소비성향에 따라 달라진다. 한계소비성향이 클수록 승숫값이 커지고 정부의 경기 부양 효과도 늘어난다. 만약 사람들이 늘어난 소득을 소비 대신 저축을 늘리는 데 상대적으로 많이 쓴다면 승숫값은 작아진다.

중앙은행이 일정 금액의 화폐를 발행하면 시중에 유통되는 통화량은 이보다 훨씬 많아지는 승수효과도 있다. 통화 공급과 관련한 승수를 특별히 통화승수money multiplier라고 부른다. 은행이 고객 예금 가운데 일부만 지급준비금으로 남기고 나머지 대부분을 대출할 수 있게 허용하는 지급준비율 덕분에 통화승수도 1보다 크다.

승수효과와 관련한 효과 가운데 낙수 효과가 있다. 그릇에 물이 차면 넘쳐 바닥을 적시는 것처럼, 정부가 고소득층의 소비와 대기업의 투자를 늘리는 정책을 취하면 이들의 소비와 투자 증가 덕분에 전체 경제활동이 활발해지면서 저소득층과 중소기업에까지 혜택이 파급된다는 주장이다. 분배와 형평성보다는 성장과 효율성을 중시하는 학자들이 의존하는 논리이다.

이와 대조되는 논리가 분수 효과이다. 정부가 저소득층의 소득을 먼저 늘려주면 이들의 소비 확대가 전체 경제활동을 활발하게 하고 고소득층의 소득도 덩달아 늘어난다는 주장이다. 이 용어는 물이 아래에서 위로 솟아나는 분수에서 유래했다.

(연관 개념어) **한계소비성향, 지급준비율**

실업률

unemployment rate

경제활동인구는 취업자이거나 실업자이다.

경제활동인구 가운데 실업자가 차지하는 비율을 계산한 것이 실업률이다. 실업자는 수입이 있는 일을 전혀 하지 않았고 지난 4주간 적극적으로 구직 활동을 했으며, 일자리가 주어지면 즉시 취업이 가능한 사람으로 정의한다. 일자리가 없으면서 구직 활동도 하지 않은 사람은 실업자가 아니라 비경제활동인구로 분류한다.

이처럼 실업자 기준을 엄격하게 정한 탓에 실업률이 한 국가의 노동시장 상태를 제대로 반영하지 못한다는 비판이 꾸준히 제기된다. 대표적인 사례로 구직 단념자(구직 포기자)가 있다. 장기간 일자리를 구하지 못해 아예 구직 활동을 포기한 사람을 일컫는 개념이다. 조사 시점에 구직을 위해 노력하지 않을 뿐이지 사실상 실업자와 다르지 않아도 구직 단념자는 실업자 분류 기준에 의해 비경제활동인구로 분류되고 실업률 계산에서도 빠진다. 그만큼 실업률이 낮게 잡힌다는 뜻이다.

우리나라에는 취업 준비자도 상당히 많다. 우리나라 기업은 대개 1년에 1차례 신규 채용을 진행하며, 공무원 시험도 1년에 1차례 응시 기회가 생긴다. 기업에 취업하거나 공무원이 되려는 사람은 모집 기간에 해당하는 달을 제외하고는 구직 활동 자체가 불가능하고, 평소에는 시험 준비를 위해 공부한다. 결과적으로 취업 준비자는 1년 중 대부분 기간에는 비경제활동인구로 분류되며, 실업자가 아니다. 이런 이유에서 실업률 대신 고용률 지표를 들여다봐야 한다는 주장이 힘을 얻는다.

실업자가 발생하는 원인에 따라 실업 유형을 구분하면 첫째로 경기적 실업이 있다. 경기변동에 따라 실업자가 감소 또는 증가하여 나타나는 유형의 실업이다.

둘째는 마찰적 실업이다. 사람들이 자의로 직업을 바꾸는 과정에서 발생하는 실업이다. 일을 그만두고 새 일자리를 찾기까지 시간이 걸려서 또는 학교 졸업자가 미처 첫 직장을 구하지 못해서 실업 상태가 될 수 있다. 마찰적 실업자는 비교적 짧은 시간 안에 해소된다.

셋째는 구조적 실업이다. 경제구조 또는 산업구조가 바뀌면서 발생하는 실업이다. 기술 개발로 산업구조가 바뀔 때 전통 부문에서 일하던 근로자들이 일자리를 잃는 경우가 있다. 이들은 새로운 첨단 산업이 요구하는 기술이 없으므로 첨단 산업에 취업하지 못하고 구조적 실업자가 된다.

$$실업률(\%) = \frac{실업자}{경제활동\ 인구} \times 100$$

연관 개념어 **구직 단념자, 고용률, 경제 고통 지수**

유동성 함정

liquidity trap

유동성은 어떤 자산을 손해 보지 않고 현금으로 전환할 가능성을 나타내는 개념이다. 즉, 유동성이 높다는 말은 현금화가 쉽다는 뜻이다. 부동산은 유동성이 상당히 낮은 자산이다. 유동성이 제일 높은 자산은 당연히 현금이다. 그래서 경제학에서는 돈을 유동성이라고 부르기도 한다.

유동성 함정이란 중앙은행이 금리를 낮추고 통화량을 많이 공급해도 경기 부양 효과가 나타나지 않는 현상을 일컫는다. 함정에 빠진 동물이 오도 가도 못하고 갇혀 있는 것처럼 유동성인 돈이 소비나 투자 확대로 이어지지 못하는 현상이다. 이 이론은 1930년대 대공황을 경험한 존 메이너드 케인스가 제기했다.

일반적으로 통화량이 많아지고 금리가 낮아지면 자금 조달 비용이 줄어든 기업은 투자를 늘리고 소비자는 저축 대신 소비를 늘린다. 그런데 미래 경기에 대한 전망이 비관적이면 금리가 낮더라도 기업이 신규 투자를 하려 하지 않는다. 매력적인 투자가 마땅히 없기 때문이다. 소비자도 소비를 늘리는 대신 더 어려워질 앞날에 대비해 돈을 움켜쥔다. 이것이 유동성 함정이다.

유동성 함정의 대표적 사례는 대공황과 1990년대 일본의 경기 침체이다. 이런 상황에서는 통화 정책이 무기력해진다. 1990년대 일본의 경우 중앙은행이 금리를 0%에 가깝게 내렸음에도 미래에 대한 불안감에 사로잡힌 일본 국민이 돈을 쓰지 않아 경제가 침체에서 벗어나지 못했다.

(연관 개념어) **통화 정책**

환율

exchange rate

한 국가의 화폐를 다른 국가의 화폐로 바꾸는 교환 비율을 환율이라고 한다. 가령 미국 돈 1달러를 우리나라 돈으로 바꿀 때 1천2백 원이 필요하다면 미국 달러의 환율은 'US$1=1천2백 원'이다. 이처럼 외국 통화 한 단위에 해당하는 우리나라 통화 금액이 얼마인지로 환율을 표시하는 방법을 자국 통화 표시법이라고 한다. 미국 '1달러'라는 상품의 가격이 얼마인지를 나타내는 이 표시법은 우리나라를 비롯한 많은 국가가 사용하고 있다.

이를 거꾸로 표시하는 외국 통화 표시법도 있다. 우리나라 통화 한 단위에 해당하는 외국 통화 금액을 표시하는 방법이다. 위의 환율을 그대로 적용하면 '1원=US$0.0008'이다. 유로를 사용하는 지역이 외국 통화 표시법을 사용해 '€1=US$1.1'처럼 표시한다.

환율이 결정되는 방법은 크게 2가지다.

첫째는 정부가 여러 요인을 복합적으로 고려하여 환

율을 일정 수준으로 결정하고 상당 기간 고수하는 방법이다. 이를 고정환율 제도라 부른다. 환율 변동에 따르는 불확실성을 피할 수 있다는 것이 장점이지만, 환율이 묶여 있어서 기초 경제 여건이 나빠지면 환투기 공격에 노출되는 단점이 있다.

둘째는 자유 변동환율 제도다. 외국 돈에 대한 수요와 공급에 따라 환율이 시장에서 수시로 달라지는 방법으로, 우리나라를 비롯한 선진국들이 채택하고 있다.

자유 변동환율 제도에서 환율이 결정되는 원리는 일반 상품의 가격이 결정되는 원리와 같아서 달러 공급이 늘어나면 달러 가격인 환율이 내린다. 우리나라의 수출이 많아지거나 외국인들이 우리나라 주식시장에 투자하기 위해 달러를 가져올 때 이 현상이 나타난다. 만약 달러 수요가 늘어나면 달러 가격인 환율이 오른다. 우리나라의 수입이 많아지거나 외국인들이 우리 주식시장에 투자한 달러를 해외로 빼 갈 때 이 현상이 나타난다.

연관 개념어) 환차손

J 곡선 효과

J curve effect

환율이 상승하면 원화가 싸진다는 뜻이므로 수출이 늘어나고 수입이 줄어든다. 결과적으로 상품수지나 무역수지가 개선된다. 이러한 영향이 실현되기까지는 다소 시간이 걸린다. 환율이 인상되면 바로 다음 날부터 상품수지가 개선되는 것이 아니라 상당한 기간이 지나야 비로소 개선 효과가 나타난다. 이 현상을 J 곡선 효과라 부른다. 상품수지가 증가하는 모양이 영어 대문자 J를 비스듬하게 쓴 *J* 같다는 데서 유래한 용어이다. 낫의 생김새와도 비슷하므로 우리말로 낫 곡선 효과로 부를 수도 있겠다. 상품수지와 같은 방향으로 움직이는 경향이 있는 경상수지에서도 J 곡선 효과가 나타난다.

J 곡선 효과가 나타나는 이유는 환율이 올라 수입품의 가격이 비싸지더라도 수입품에 대한 국내 수요가 한동안은 여전하기 때문이다. 수입품을 대체할 마땅한 국산품이 없을 수도 있다. 그 결과 환율이 상승할 때 한동안

은 상품수지가 오히려 나빠지기도 한다.

이후 시간이 지나면 상황이 달라진다. 국내 소비자들이 비싸진 수입품 대신 국내 기업의 상품을 사기 시작하면서 수입이 감소한다. 달러로 표시한 국산품의 수출 가격이 내려가고 해외시장에서 국산품의 판매량이 늘어나면서 수출도 증가한다. 그 결과 상품수지가 개선된다. J 곡선 효과는 한마디로 환율 변동에 따른 경제 주체들의 대응과 조정의 시차 때문에 발생한다.

이는 운동과 건강의 관계와도 비슷하다. 운동을 시작하자마자 즉시 건강이 좋아지지는 않는다. 오히려 처음에는 몸이 힘들고 근육통도 생긴다. 몸이 적응하고 운동 효과가 서서히 나타나면서 건강이 좋아지기 시작한다.

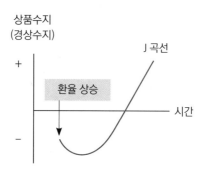

연관 개념어 경상수지

3장

금융과
재테크

일인당 국민총소득

GNI per capita

국민총소득, 영어로 GNI^{gross national income}는 한 국가의 국민과 기업이 일정 기간 얻은 모든 소득을 합한 것이다. 우리나라의 국민과 기업이 국내에서 얻은 소득뿐 아니라 세계 곳곳에 진출해서 얻은 소득까지 모두 합해 구한다. 국내총생산에서 국내에 있는 외국인의 소득을 빼고 여기에 한국인이 해외에서 얻은 소득을 더하면 국민총소득이 된다.

인구가 많은 국가의 국민총소득은 인구가 적은 국가의 국민총소득보다 큰 경향이 있다. 따라서 단순히 국민총소득만으로 국가의 평균적 소득이나 생활수준을 평가할 수는 없다. 국민총소득이 한 사람에게 돌아가는 몫을 따져야 한다. 이를 위한 지표가 국민총소득을 해당 국가의 인구로 나눈 일인당 국민총소득이다. 일인당 국민총소득은 한 국가의 국민이 평균적으로 누리는 경제적 생활수준을 가늠하는 지표로 널리 쓰인다.

일인당 국민총소득은 보통 국제 비교를 위해 달러로

환산해 표시한다. 그러므로 환율 변동에 따라 원화로 표시한 일인당 국민총소득과 달러로 표시한 일인당 국민총소득이 달라지기도 한다. 예를 들어 원화 기준으로는 일인당 국민총소득이 늘어나더라도 환율이 크게 올라 원화 가치가 떨어진다면 달러 기준으로 평가한 일인당 국민총소득이 줄어들 수 있다.

연관 개념어   **국내총생산**

재정 정책

fiscal policy

재정 정책은 정부가 경제를 안정시키기 위한 수단으로 재정을 활용하는 것이다. 즉, 정부가 재정지출을 늘리거나 줄이는 것, 증세하거나 감세하는 활동이 재정 정책이다.

재정 정책의 뿌리는 케인스에서 비롯한다. 자유주의 사상의 영향을 받아 대공황 상태임에도 손을 놓은 정부를 비판한 그는 대공황은 시장의 민간 소비와 기업 투자가 부족해서 생긴 문제이므로 정부가 직접 나서서 수요를 창출해야 한다고 주장했다. 그의 이론은 미국에서 뉴딜New Deal 정책으로 이어졌다. 이후 재정 정책은 정부의 중요한 정책 수단으로 뿌리를 내렸다.

경기 침체로 생산과 소득이 줄고 실업이 증가하면 정부는 재정지출을 늘리거나 세금을 줄여 확장 재정 정책을 편다. 덕분에 개인의 소득과 소비, 그리고 기업의 투자가 늘어나 생산과 고용이 확대된다.

경기가 과열되면 경제가 활발해지고 소득이 늘어나

는 긍정적 측면이 있으나, 인플레이션이 발생하고 화폐 가치가 떨어지는 부작용이 생긴다. 정부가 인플레이션을 잡을 필요가 있다고 판단하면 긴축 재정 정책 수단을 동원해 재정지출을 축소하고 세금을 늘린다.

재정 정책은 만능이 아니다. 구축 효과가 발생해 재정 정책의 경기 부양 효과를 상쇄할 수 있기 때문이다. 그리고 재정 정책을 추진하다 보면 국가의 재정 건전성이 훼손되고 국가 채무가 늘어나는 문제가 발생한다.

(연관 개념어) 통화 정책, 긴축 정책, 확장 정책, 구축 효과, 국가 채무

절약의 역설

paradox of thrift

개인의 저축은 바람직할 뿐 아니라 자연스럽고 합리적인 선택 가운데 하나로서 장려할 가치가 있다. 그러나 심각한 불황기에 저축 때문에 경제가 불황에서 벗어나기 힘들어지고 궁극적으로 부정적인 결과로 이어지는 현상을 절약의 역설 또는 저축의 역설이라고 한다.

철학자이자 정치경제학자 버나드 맨더빌Bernard Mandeville이 18세기 초에 저서 《꿀벌의 우화The Fable of the Bees》에서 이 현상을 처음 언급했으며, 후에 케인스가 다시 언급하여 대중화되었다. 개인이 경기 불황에 대처하려고 저축을 늘리면 필연적으로 소비를 줄여야 한다. 그럼 기업 생산은 더 위축되고 경기는 불황에서 벗어나기는커녕 더 깊은 골로 빠진다. 국내총생산이 감소하고 결국은 경제 전체의 저축이 오히려 줄어든다. 자신의 저축을 늘리려 한 행위의 결과 저축이 오히려 줄어든다는 점에서 '역설'이라는 이름이 붙었다.

이른바 소비가 미덕, 저축이 악덕이 되는 현상이다. 절약의 역설은 디플레이션 경제에서 흔히 성립한다. 경제가 매우 좋지 않은 상황에서 돈과 여유가 있는 사람들의 소비를 장려할 때 절약의 역설을 언급한다.

절약의 역설은 구성의 오류fallacy of composition를 보여주는 좋은 사례이다. 구성의 오류란 구성원에게는 바람직하나 전체 집단으로 보면 바람직하지 않은 상황을 일컫는다. 개인으로서는 불황이 언제 끝날지 모르고 미래 전망이 불확실하므로 지갑을 닫고 저축을 늘려 미래에 대비하는 것이 타당한 선택일지라도, 경제 전체로 볼 때는 생산과 고용이 줄어들고 불황에서 벗어나지 못하므로 바람직하지 않다.

(연관 개념어) **디플레이션**

지급준비율

reserve ratio

은행은 고객에게서 받은 예금 가운데 일정 비율에 해당하는 금액을 지급준비금이라는 이름으로 중앙은행에 의무적으로 맡겨야 한다. 은행이 받은 예금에서 지급준비금으로 맡겨야 하는 금액이 차지하는 비율을 지급준비율, 줄여서 지준율이라고 한다.

현재 우리나라 은행은 예금 종류에 따라 0~7%에 해당하는 지급준비금을 한국은행에 예치해야 한다. 예를 들면 정기예금과 정기적금 등은 2%, 요구불 예금은 7%에 해당한다. 장기주택마련저축은 지급준비율이 0%이므로 지급준비금을 예치할 필요가 없다.

중앙은행이 지급준비금 예치를 요구하는 취지는 은행이 고객에게 지급할 돈이 부족해지는 사태를 예방하기 위해서이다. 즉, 예금 전부를 대출해줘 이자를 많이 벌려는 은행의 과욕과, 고객 예금을 되돌려주지 못하는 사태를 방지하는 차원에서 시행한다.

지급준비율은 시중 통화량을 조절하는 기능도 한다. 예를 들어 중앙은행이 지급준비율을 인상하면 은행이 중앙은행에 예치하는 지급준비금이 늘어나므로 그만큼 대출 자금이 축소된다. 시중에 유통되는 통화량이 줄어들고 금리가 올라간다. 거꾸로 중앙은행이 지급준비율을 인하하면 은행은 더 많은 돈을 대출해줄 수 있어서 시중 통화량이 늘어나고 금리가 내려간다.

우리나라는 2006년을 마지막으로 지급준비율을 변경하지 않아서 현재 통화량 조절 기능은 유명무실해진 상태이다. 반면 중국은 여전히 지급준비율을 중요한 수단으로 활용하는데, 경기를 부양하는 대책으로 시중에 통화량을 추가로 공급하기 위해 2022년부터 여러 차례 지급준비율을 인하한 바 있다.

지급준비금 = 예금액 × 지급준비율

연관 개념어 **승수효과, 통화 정책**

지하경제

underground economy

지하경제는 말 그대로 땅 아래에 숨어 있는 경제로, 음성적으로 이루어지는 일체의 경제활동을 일컫는다. 그림자경제, 암거래, 비공식 경제 등도 지하경제와 유사한 의미로 쓰인다. 음성적 경제 거래에는 크게 2종류가 있다.

첫째는 생산, 유통, 판매, 소비가 금지된 재화나 서비스를 거래하는 경우이다. 마약 거래, 장물 거래, 도박 등이 해당한다.

둘째는 재화나 서비스 자체는 불법이 아니나 정부에 보고하지 않고 은밀하게 이루어지는 거래이다. 탈세를 위한 음성적 거래나 가격통제를 피하기 위한 거래가 대표적이다. 정부의 추적을 피하기 위해 보통 현금으로 거래하며, 영수증을 발급하지 않는다.

지하경제 거래에서도 분명히 돈이 오가며 생산 활동도 일어나지만 정부가 파악할 수 없으니 국내총생산 같은 국가 통계에서 빠지고 세금을 걷지도 못한다. 결과적으로 성실한 국민이 탈세자의 세금까지 짊어져야 하는 문제가 생긴다.

지하경제의 규모를 정확하게 측정하기는 매우 어렵다. 공식 기록이 없고 워낙 은밀하게 거래되기 때문이다. 대체로 선진국보다 개발도상국의 지하경제가 활발하다고 알려져 있다. 세계 각국의 1991~2015년 지하경제 규모를 추정한 국제통화기금[IMF] 보고서에 따르면 국내총생산 대비 지하경제의 비율이 제일 높은 곳은 61%인 짐바브웨이다. 지하경제 비율이 제일 낮은 곳은 7.2%인 스위스다. 추정치에 따르면 미국 8.3%, 영국 11.1%, 독일 12.0%, 일본 10.4%이다. 우리나라는 25.7%로 지하경제 규모가 큰 나라 가운데 하나이다. 자영업자 비중이 높고 상가 권리금도 지하경제에 포함되는 것이 지하경제 규모를 크게 만드는 요인 가운데 하나이다. 카드 대신 현금을 내면 값을 깎아준다는 자영업자들의 유혹도 지하경제를 키운다.

연관 개념어) 국내총생산

총수요/총공급

aggregate demand/aggregate supply

국내총생산은 한 국가의 경제가 '생산한' 최종 생산물을 합한 것이므로 국가 경제의 총공급에 해당한다. 공급된 최종 생산물을 구매하려는 '수요'를 모두 합한 것이 총수요이다. 특정 재화의 수요와 공급이 일치할 때 시장에서 균형이 이루어지고 시장가격이 결정되는 것처럼 총수요와 총공급이 일치할 때 국가 경제가 균형에 이른다.

총수요는 소비, 투자, 정부 지출, 순 수출의 합이다.

총수요의 첫 번째 구성 요소인 소비는 개인이나 가계가 필요한 소비재를 구매하는 것으로, 총수요의 3분의 2 정도를 차지할 정도로 비중이 가장 크다.

총수요의 두 번째 구성 요소는 기업의 투자이다. 기업이 미래의 생산능력을 확대하기 위해 기계나 장비를 구매하고 공장을 건설하는 것 등이다. 투자는 미래의 경제 생산성을 좌우하고 고용 규모를 결정하는 데 중요한 역할을 한다. 여기서 말하는 투자는 실물 투자로, 수익을 위해 주식이나 채권을 사는 금융 투자와는 다르다.

총수요의 세 번째 구성 요소는 정부 지출이다. 정부가 담당하는 사회간접자본 건설, 공공재 공급, 공공 서비스 제공, 공무원 임금 등을 위한 지출이며, 재정 정책 수단이 된다.

마지막 구성 요소는 순 수출이다. 순 수출은 수출에서 수입을 뺀 값이다. 수출은 외국인들의 국내 상품 수요를, 수입은 내국인의 외국 상품 수요를 뜻한다.

정리하면 '총수요＝소비+투자+정부 지출+순 수출'로 나타낼 수 있다. 소비, 투자, 정부 지출, 순 수출 가운데 한 요소가 변동하면 총수요도 변동한다. 확장 정책은 정부가 총수요를 구성하는 4개 요소 가운데 하나 이상을 늘려 국내총생산을 증대하려는 정책이다.

(연관 개념어) **국내총생산, 긴축 정책, 확장 정책**

통화 정책

monetary policy

통화 정책은 중앙은행이 경제 안정화를 위해 통화량이나 금리를 조절하는 정책이다.

우리나라의 한국은행을 비롯해 세계 주요국의 중앙은행은 물가 안정 목표제라는 제도를 시행하고 있다. 자국의 경제 여건을 고려해 물가 상승률 목표치를 설정하고 실제 물가 상승률이 목표치에서 크게 벗어나지 않도록 통화 정책을 운용하는 것이다. 현재 우리나라의 목표치는 소비자물가 상승률 2%이다.

경기가 활발하거나 원자재 가격이 폭등하여 소비자물가 상승률이 2%보다 많이 높아지면 한국은행은 긴축 정책에 나서 기준 금리를 인상하고 통화량 공급을 줄인다. 이에 따라 개인의 소비가 줄고 기업의 투자가 위축되는 등 경제의 총수요가 감소해 물가 오름세가 진정된다.

경기가 부진하거나 물가 상승률이 2%에 훨씬 못 미치면 기준 금리를 인하하는 확장 통화 정책을 실행한다.

그럼 개인 소비와 기업 투자가 활발해지고 생산과 고용이 늘어나 경기가 살아난다.

현실의 경제 세계에서는 한국은행이 기준 금리를 내리고 경제에 화폐를 많이 공급하더라도 소비와 투자가 기대만큼 늘어나지 않고 경기 부양 효과가 제대로 나타나지 않아 통화 정책이 한계에 부딪히기도 한다. 유동성 함정에 빠진 경제에서 이런 문제가 생긴다.

(연관 개념어) 재정 정책, 긴축 정책, 확장 정책, 총수요, 유동성 함정

평균 소비 성향/한계 소비 성향

average propensity to consume/marginal propensity to consume

우리는 소득, 정확히 말하면 처분 가능 소득이 생기면 소비하거나 저축하는 데 사용한다. 소비 성향이나 저축 성향은 각자 다르다. 여기서 이야기하는 '저축'은 은행 예금뿐 아니라 주식 투자, 주택 마련, 연금 등에 쓰는 돈을 모두 포함한다.

여기서 소득 대비 소비의 비율을 측정하는 개념이 평균 소비 성향이다. 소득은 소비 또는 저축이라는 두 용도 가운데 하나로 쓰이므로 평균 소비 성향과 평균 저축 성향의 합은 항상 1이다. 예를 들어 소득이 5백만 원인 가구가 3백만 원을 소비에 쓴다면 평균 소비 성향은 0.6, 평균 저축 성향은 0.4이다.

평균 소비 성향과 이름이 비슷한 개념으로 한계 소비 성향이 있다. '전체' 소득 가운데 '전체' 소비가 얼마인지를 측정하는 개념이 평균 소비 성향이라면, 한계 소비 성향은 '증가한' 소득 가운데 '증가한' 소비가 얼마인지를 측정하는 개념이다. 연봉이 1백만 원 늘어난 사람이 소비에 70만 원을 더 쓴다면 한계 소비 성향은 0.7이다. 늘어난 소득도 소비를 늘리거나 저축을 늘리는 두 용도 가운데 하나로 쓰이므로 한계 소비 성향과 한계 저축 성향의 합도 1이다. 만약 늘어난 소득 전부를 소비한다면 한계 소비 성향은 1, 한계 저축 성향은 0이다.

일반적으로 소득수준이 높은 사람보다 낮은 사람의 한계 소비 성향이 크다. 소득이 적은 사람은 늘어난 소득으로 소비해야 할 재화나 서비스가 상대적으로 많기 때문이다. 늘어난 소득이 일시적인지 지속적인지에 따라서도 한계 소비 성향의 크기가 달라진다.

한계 소비 성향은 정부가 재정지출을 늘릴 때 나타나는 경기 부양 효과의 정도에 영향을 미친다. 한계 소비 성향이 클수록 승수효과가 커져 경기 부양 효과도 증대된다.

$$\text{평균 소비 성향} = \frac{\text{소비}}{\text{소득}} \qquad \text{한계 소비 성향} = \frac{\text{소비 증가분}}{\text{소득 증가분}}$$

(연관 개념어) 승수효과

필립스곡선

Phillips curve

필립스곡선은 한 국가의 인플레이션과 실업률에 역의 관계가 있음을 보여주는 경제 이론이다. 즉, 실업률이 높아지면 인플레이션이 안정되고, 실업률이 낮아지면 인플레이션이 심해진다. 영국 자료를 분석해 처음으로 이 관계를 보고한 뉴질랜드 경제학자 윌리엄 필립스[William Phillips]의 이름을 딴 개념이다.

필립스곡선은 재정 정책이나 통화 정책과 관련해 의미가 크다. 경기가 침체해 실업률이 높아지면 정부는 확장 정책을 통해 총수요를 늘린다. 덕분에 생산과 고용이 증가해 실업률이 떨어진다. 하지만 대가가 따른다. 노동에 대한 수요가 증가해 임금이 오르고 물가도 따라서 올라 인플레이션이 심해진다.

경기가 과열돼 인플레이션이 우려되면 정부는 긴축 정책을 펴서 총수요를 억제한다. 덕분에 물가를 잡는 데 성공하지만, 총수요가 축소되어 노동에 대한 수요가 줄어들고 실업률이 높아지는 대가를 치른다.

낮은 실업률과 안정된 인플레이션은 모든 국가가 추구하는 경제 목표이다. 하지만 2가지 목표가 상충 관계여서 동시에 달성할 수는 없음을 필립스곡선은 보여준다. 그렇다면 어느 목표를 우선시해서 경제를 운용해야 할지 결정해야 한다. 아니면 두 목표를 '적절하게' 혼합한 상태를 경제 운용의 목표로 삼아야 한다.

(연관 개념어) **긴축 정책, 확장 정책**

화폐 주조 차익

seigniorage

돈을 만드는 데도 비용이 든다. 현재는 금속값이 비싸져 10원짜리 동전을 만드는 비용이 10원보다 더 들지만, 지폐는 그렇지 않다. 만약 액면가 5만 원짜리 지폐 1장을 만드는 비용으로 2천 원이 든다면 지폐 1장을 만들 때마다 4만 8천 원씩 이익이 난다. 이처럼 화폐의 액면가에서 화폐 제조 비용을 뺀 이익을 화폐 주조 차익(화폐 발권 차익)이라고 한다. 화폐를 발행하는 곳이 얻는 이익이다.

화폐 주조 차익을 의미하는 영어 용어는 중세 유럽의 봉건 영주 시뇨르seigneur에서 파생한 시뇨리지seigniorage이다. 중세에는 금속주화를 독점적으로 주조할 수 있는 권한이 시뇨르에게 있었다. 시뇨르는 금속주화를 주조해주는 대신 일정한 몫의 금속을 수수료로 챙기는 방식으로 지역 통치에 필요한 자금을 마련했다. 여기에서 화폐 주조권자가 얻는 이익, 즉 시뇨리지란 용어가 생겨났다.

오늘날 화폐 주조권은 정부에 있으므로 화폐 주조 차

익도 정부의 몫이다. 정부가 차익에 눈이 멀어 돈을 많이 찍어내면 인플레이션이 엄습해 돈의 가치가 하락한다. 따라서 화폐를 남발하지 않는 통제력이 필수적이다.

달러는 전 세계에 유통되는 기축통화(국제 거래에 보편적으로 쓰이는 화폐)여서 발행량도 어마어마하다. 따라서 미국 정부가 챙기는 화폐 주조 차익도 가히 천문학적 규모이다. 세계 최대 규모의 재정 적자와 경상수지 적자에 시달리는 미국이 버틸 수 있는 배경으로 화폐 주조 차익이 한몫을 톡톡히 한다. 미국은 달러를 발행하고 세계 각국으로 퍼뜨려 인플레이션 충격을 전 세계로 분산하며, 미국과의 무역에서 흑자를 기록하는 국가들에 국채를 팔아 달러를 회수한다.

백화점도 상품권을 발행하며 어느 정도의 '발행 차익'을 챙긴다. 발행한 상품권이 사용될 때까지 대개 상당한 시간이 걸리는데, 백화점이 상품권을 판매한 시점에 받은 현금을 통해 사용 시점까지 이자 수입을 올릴 수 있기 때문이다. 간혹 아예 사용되지 않는 상품권에서는 더 큰 이익을 얻는다.

연관 개념어 인플레이션 조세, 초인플레이션

우리는 월급, 예금, 대출, 이자, 주식, 세금, 투자, 보험, 연금 등과 관련하여 수시로 의사 결정을 한다. 돈과 관련된 의사 결정의 오류를 줄이고 합리적으로 선택하려면 금융 지식이 필수적이다.

금융 지식이 부족하면 경제생활을 제대로 꾸려나가기 힘들다. 금융 문맹자는 천금 같은 기회를 놓치거나 억울하게 불이익을 당할 가능성이 크다. 월급이 비슷한데 더 나은 집에서 더 풍족하게 사는 옆 사람의 비밀 아닌 비밀도 알고 보면 금융 지식의 차이에 있다.

금융 하면 바로 재테크를 떠올리는 사람이 많다. 많은 사람이 지향하는 목표는 돈을 지혜롭게 굴려서 이왕이면 한 푼이라도 재산을 늘려 경제적 고통에서 벗어나는 것이다. 이 장에서는 금융과 재테크에 관한 개념어들을 살펴본다.

사람들이 돈을 안전하게 보호하고 관리하기 위해 선택하는 예·적금, 손실 위험을 무릅쓰고 더 많은 수익을 기대하며 적극적으로 돈을 관리하는 투자, 그리고 대출과 환율 등을 둘러싼 개념어와 합리적인 돈 관리에 필요한 금융 생활의 생생한 지혜를 이 장에서 확인할 수 있다.

다양한 금융 상품의 특성과 장단점을 알면 본인에게 가장 알맞은 금융 상품을 선택할 수 있는 시야가 열린다. 여러 금융회사의 성격과 차이를 이해하고 예금자 보호 제도나 복리의 위력을 알면 돈을 안전하게 관리하고 남들보다 많은 수익을 얻을 수 있는 길이 펼쳐진다.

가산 금리

spread

경제 주체가 돈을 빌릴 때는 신용도에 따라 대출금리가 달라진다. 신용도가 높아 대출을 상환하지 못할 위험이 적으면 대출금리가 낮다. 신용도가 낮아 대출을 상환하지 못할 위험이 크면 대출금리가 높다. 이처럼 대출금리를 정할 때 상환 불능 위험을 반영해 덧붙이는 금리를 가산 금리, 영어로 스프레드spread라고 한다.

은행에서 대출금리를 산정하는 공식은 '대출금리=대출 기준 금리+가산 금리+가감 조정 금리'이다. 가장 바탕이 되는 대출 기준 금리는 한국은행이 통화 정책의 하나로 결정하는 '기준 금리'와 혼동하기 쉽다. 대출 기준 금리는 코픽스COFIX를 말한다. 코픽스는 우리나라 8대 은행이 대출에 활용할 자금을 조달하는 데 들어가는 평균 비용을 산출한 것이다. 즉, 대출 원가에 해당한다.

가산 금리는 각 은행이 특성과 형편에 따라 자체적으로 정한다. 은행의 운영비나 수익 목표 등에 따라서도 달라지나, 제일 중요한 요소는 차입자의 신용도이다. 차입자의 신용 점수가 낮으면 은행이 빌려준 돈을 떼일 위험을 더 많이 감수해야 하므로 그에 대한 보상으로 가산 금리를 높여 이자를 더 받는다.

가감 조정 금리는 은행이 차입자의 거래 실적에 따라 자의적으로 결정한다. 평소 고객이 주거래은행으로 거래했거나 급여 통장을 사용하고 있거나 신용카드 실적이 우수하면 금리를 조금 깎아준다. 흔히 우대금리라고 부른다.

(연관 개념어) **코픽스, 신용 점수**

가상 자산

virtual asset

가상 자산에 관해 세계적으로 통용되는 명확한 정의는 없다. 우리나라에서는 경제적 가치를 지녔으며 전자적으로 거래되거나 이전될 수 있는 전자적 증표를 가상 자산이라 정의한다. 단, 전자적 증표라 하더라도 발행인이 사용처와 용도를 제한하거나 게임물에서 획득한 게임 머니 같은 것은 가상 자산으로 보지 않는다.

암호화 기술을 통해 발행된다는 뜻에서 암호 화폐라고 불리는 비트코인, 이더리움 등이 가상 자산의 대표적 예이다.

가상 자산은 자체 블록체인 네트워크가 있느냐 없느냐에 따라 코인과 토큰으로 구분된다. 독립된 자체 블록체인 네트워크가 있으면 코인이고, 자체 네트워크 없이 다른 플랫폼에서 특정 용도로 사용하기 위해 개발된 것은 토큰이다. 음악, 영화, 도서의 디지털 콘텐츠에 대한 사용 권리나 배포 권리를 나타내는 디지털 권리digital rights도

가상 자산의 범주에 포함된다.

가상 자산은 정부의 개입이나 보증 없이 만들어지고, 자체 생태계 속에서 가격이 변동하며 거래된다. 가상 자산을 거래해 얻은 차익에 세금이 부과되지만, 아직은 금융 소득이 아니라 기타소득으로 분류된다.

가상 화폐나 암호 화폐에 '화폐'라는 이름이 있다고 해서 정부가 공인하고 누구나 사용하는 화폐라고 오인해서는 안 된다. 암호 화폐는 공인 화폐(돈)가 수행하는 3가지 핵심 기능인 교환의 매개체, 가치의 저장 수단, 회계의 단위 역할을 거의 충족하지 못하므로 경제학에서 말하는 화폐가 되지 못한다.

(연관 개념어) **대체 불가능 토큰**

공매도

short selling

주식 투자를 할 때는 일반적으로 특정 주식을 매수한 뒤 나중에 더 비싼 값에 매도해 수익을 얻는다. 이때 보유하지 않은 주식을 매도해 돈을 버는 거래 기법을 공매도라 한다.

'공'은 비어 있다는 뜻이므로 공매도는 '비어 있는(없는) 물건을 판다'라는 의미이다. 영어 용어에는 숏short이란 단어가 들어 있는데, 금융시장에서 숏은 주가 하락에 베팅해 주식을 팔겠다는 것을 의미한다. 반면 롱long은 주가 상승을 기대하니 주식을 사서 갖고 있겠다는 의미이다.

매도하기 위해서는 주식이 필요하므로, 일반적으로 공매도는 남의 주식을 빌려 매도한다. 그리고 시간이 지나 실제로 주가가 하락하면 싼 가격에 같은 종목을 매수해 빌린 사람에게 갚는다. 주식을 매도해 받은 돈이 매수하는 데 쓴 돈보다 많으므로 차익만큼 이익을 얻는다. 이 투자 기법을 더 정확하게는 차입 공매도라고 한다. 주식을 빌리지도 않고 매도 주문을 하는 무차입 공매도도 있으나 우리나라에서는 허용하지 않는다.

투자자가 공매도하는 이유는 해당 종목의 주가가 하락할 것으로 확신하기 때문이다. 예측대로 주가가 하락하면 수익을 얻을 수 있다. 물론 예측이 어긋나면 큰 손실을 피할 수 없다.

주가가 하락하는 시기에는 공매도 때문에 해당 종목의 주가 하락이 가속화하는 문제가 나타난다. 만약 공매도가 허용되지 않았다면 없었을 매도 물량이 공매도 때문에 생겨나고 이로 인해 주가가 더 많이 하락하기 때문이다.

반면 공매도의 순기능은 과도한 주가 상승이나 버블을 예방할 수 있으며, 선물이나 옵션 투자처럼 다양한 주식 투자 기법 가운데 하나로서 주식시장의 다양성과 규모를 키울 수 있다는 것이다. 그래서 대부분의 국가가 공매도를 허용하고 있다.

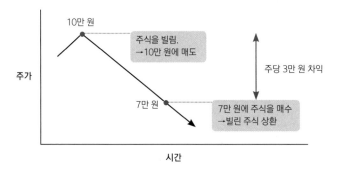

10만 원

주식을 빌림.
→10만 원에 매도

주당 3만 원 차익

주가

7만 원

7만 원에 주식을 매수
→빌린 주식 상환

시간

(연관 개념어) 버블

과세표준

tax base

정부가 세금을 부과하는 기준으로 삼는 소득이나 재산을 과세표준, 줄여서 과표라고 한다. 과세표준에 세율을 곱하면 개인이나 기업이 부담해야 할 세금액^(세액)이 나온다.

소득이 1천만 원이라고 가정할 때 전액이 과세표준이 되지는 않는다. 소득을 얻기 위해 필수적으로 들여야 하는 여러 종류의 필요경비를 소득에서 빼준다. 법에 따라 정해진 여러 경비를 소득에서 공제한 나머지 부분이 과세표준이다. 그러므로 소득 금액이 같더라도 소득공제를 얼마나 받느냐에 따라 과세표준이 달라지고, 내야 하는 소득세도 달라진다. 근로자들은 소득공제를 위해 각종 서류를 꼼꼼히 챙기는 절차인 연말정산을 연례행사로 치른다.

우리나라 근로자 10명 가운데 4명 정도는 세금을 내지 않는다. '모든 국민은 적은 액수라도 세금을 내야 한다'라는 국민 개세 원칙이 제대로 지켜지지 않는다는 뜻이다. 실제로 우리나라 근로소득 면세자 비율은 선진국 중에서 높은 편이다. 이들이 세금을 내지 않는 까닭은 소득이 전혀 없어서가 아니라 각종 소득공제를 받은 이후 과세표준이 낮아졌기 때문이다.

연관 개념어 **누진세**

국·공채/회사채

government bond/corporate bond

국채와 공채를 합한 개념인 국·공채는 정부나 공적 기관이 발행하는 채권이다. 국채는 국가가 돈을 빌리기 위해 발행한다. 공채는 지방자치단체가 발행하는 지방채, 특별법에 따라 설립된 법인이 발행하는 특수채로 나뉜다.

국가가 발행하는 국채도 발행 목적에 따라 여러 가지로 나뉘는데 이 가운데 국고채가 대표적이다. 정부가 나라 살림에 필요한 자금을 확보하기 위해 발행하는 채권이다. 국민주택 사업에 필요한 자금을 조달하기 위해 발행하는 국민주택 채권도 국채이다.

사람들에게 익숙한 지방채로는 각 지역의 도시철도 건설에 필요한 자금을 조달하기 위한 도시철도 채권이 있다. 자동차를 구매하려면 의무적으로 사야 하는 지방채이다.

특수채는 특별법에 따라 설립된 한국전력공사, 토지개발공사, 한국도로공사, 예금보험공사 등 공기업이 발행하는 채권이다.

　회사채는 주식회사가 회사 경영에 필요한 자금을 융통하기 위해 발행하는 채권이다. 줄여서 사채社債라고도 하는데 개인이 사사로이 빌리는 사채私債와 혼동되므로 일반적으로 회사채라 부른다. 채권자는 주주의 배당보다 우선해 이자를 받을 자격이 있으며, 기업이 도산하거나 청산하는 경우 기업 자산에 대한 청구권도 주주보다 우선한다.

　채권은 만기가 1년 이하인 단기채, 1년 초과 5년 이하인 중기채, 5년 초과인 장기채로 구분하기도 한다. 원리금 상환을 발행자 외에 정부나 공신력 높은 금융회사 등이 보증해주는 채권은 보증채라 부른다. 무보증채는 제삼자의 원리금 상환 보증 없이 발행자의 신용도에 의해서만 발행되는 채권이다. 일반적으로 무보증채 수익률이 보증채 수익률보다 높다.

　채권 이자를 주고받는 방식도 여러 가지다. 일정 기간마다 지급되는 이자액을 명기한 이표coupon가 첨부되어 있어 해당 시기가 도래하면 이표를 떼어주고 이자를 받는 채권이 이표채(쿠폰부 사채)이다. 할인채는 액면 금액에서 만기까지의 이자를 먼저 차감(할인)한 가격으로 채권을 구매하고, 만기가 도래하면 액면 금액을 받는 채권이다. 만기일에 원금과 이자를 복리로 계산해 한꺼번에 받는 복리채도 있다.

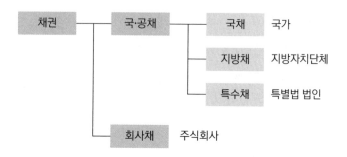

(연관 개념어) **채권**

금리 인하 요구권

right to request interest rate reduction

대출받을 때와 비교하여 상환 능력이나 신용 상태가 크게 개선된 차입자가 대출금리를 낮춰달라고 금융회사에 요구할 수 있는 법적 권리가 금리 인하 요구권이다. 예를 들어 취업, 승진, 이직, 전문 자격 취득 등으로 소득이나 재산이 증가하면 누구나 대출 금융회사에 대출금리 인하를 요구할 수 있다. 본인의 신용 점수가 상승한 사람도 금리 인하를 요구할 수 있다. 기업의 경우 부채 감소나 실적 개선 등으로 재무 상태가 개선되거나 신용 등급이 올랐다면 마찬가지로 대출금리를 깎아달라고 요구할 수 있다.

이 제도는 은행뿐 아니라 저축은행, 신용카드사, 보험회사 등 제2금융권에도 적용된다. 이전에도 대출금리 인하가 불가능하지는 않았으나, 과거에는 금융회사별로 자체 표준 약관을 두고 자율적으로 시행했다면 이제는 이 권리가 법으로 명시되었다는 점이 다르다. 금융 소비자의 권익을 더 강하게 보호하기 위해 정부가 제도화했다.

본인의 상환 능력이 나아졌다고 해서 대출해준 금융회사가 의무적으로 금리 인하 요구권을 수용해야 하는 것은 아니며, 다양한 요인을 복합적으로 고려해 수용 여부를 판단한다. 금융회사별로 적용하는 판단 기준도 다르다. 그러므로 소득이나 재산이 크게 변화하지 않았다면 신용 점수를 올린 후 금리 인하 요구에 나서는 것이 효과적이다.

만약 금리 인하 요구가 수용되면 대출 계약을 유지하면서 대출이자 부담을 줄일 수 있다. 다만 신용 상태에 따라 금리가 달라지는 대출 상품에만 사용할 수 있다. 다시 말하면 신용 상태 개선과 상관없이 금리가 고정되는 대출 상품에는 사용할 수 없다.

(연관 개념어) **신용 점수**

단리/복리

simple interest/compound interest

이자를 계산하는 방법으로 단리와 복리 2가지가 있다. '단순한simple 이자'를 뜻하는 단리는 최초의 원금에 대해서만 이자율(금리)을 곱해 계산하는 방법이다. 가령 원금 1백만 원을 5% 이자율로 3년 동안 은행에 정기예금하는 경우 단리 계산에 따르면 이자는 매년 5만 원(1백만 원×5%)씩 발생한다. 따라서 3년 동안 받는 이자의 합계는 15만 원(5만 원×3년)이다.

'겹친compound 이자'라는 뜻의 복리는 원금뿐 아니라 발생한 이자에 다시 이자율을 곱해 계산하는 방법이다. 즉, 이자에 대한 이자가 발생한다는 점에서 단리와 구분되며, 이자율이 같다면 단리 이자보다 복리 이자가 많다.

원금 1백만 원을 5% 이자율로 3년 동안 은행에 정기예금하면 첫해에 이자가 5만 원(1백만 원×5%) 발생하는데, 여기까지는 단리와 다르지 않다. 예금 2년 차에는 이자 5만 원이 원금 1백만 원에 더해져 새 원금이 105만 원이 되고 이에 따른 이자로 5만 2천5백 원^(105만 원×5%)이 발생한다. 같은 방식으로 예금 3년 차에 발생하는 이자는 5만 5,125원^(110만 2천5백 원×5%)이다. 그러므로 3년 동안 받는 이자 합계는 15만 7,625원이다.

매년 새롭게 발생한 이자에 다시 이자가 발생해 원금에 더해지므로 발생 이자가 갈수록 빠르게 불어난다. 복리 효과^(복리 마법)는 예금 기간이 길수록, 그리고 이자율이 높을수록 더 두드러진다. 만약 앞의 사례에서 예금 기간을 3년이 아니라 10년으로 연장한다면 전체 이자는 단리의 경우 50만 원이지만 복리의 경우에는 62만 8,895원이다.

대출을 받은 후 약속한 날짜에 대출이자를 갚지 못하면 자칫 복리 효과가 재앙으로 다가올 수 있다. 미상환 이자가 대출 원금에 더해져 갚아야 할 이자가 크게 불어나기 때문이다. 그러므로 대출 전에 이자를 제때 갚을 능력이 있는지 반드시 숙고해야 한다.

복리로 장기 투자를 계획할 때 원금을 2배로 만들수 있는 햇수를 계산기 없이 암산으로 간단하게 구하는 공식이 있다. 숫자 72를 이자율로 나누면 된다. 가령 이자율^(수익률)이 3%라면 원금 1천만 원이 2천만 원으로 불어

나는 데 24년$^{(72÷3)}$이 걸린다. 이자율이 5%라면 14.4년$^{(72÷}$
$^{3)}$이 걸린다. 이 공식을 72의 법칙이라고 한다.

72의 법칙을 이런 식으로 응용할 수도 있다. 원금 1
천만 원을 6년 후 2천만 원으로 만들고 싶다는 계획을 세
운다면 매년 평균 12%$^{(72÷6)}$의 수익률을 기대할 수 있는
곳에 투자해야 한다.

대체 불가능 토큰

non-fungible token

지폐, 귀금속, 채권, 암호 화폐 등은 각기 가치가 있으며 사람들 사이에서 교환될 수 있다는 점에서 대체 가능 토큰이다. 예컨대 1만 원 지폐는 일련번호가 다르더라도, 또는 낡았든 빳빳한 신권이든 다른 1만 원 지폐와 가치가 동일하며 교환된다.

이와 달리 대체 불가능 토큰(대체 불가 토큰)은 블록체인 암호화 기술로 표식(토큰)을 부여해 고유한 소유권을 나타내도록 설계된 디지털 자산이다. 각 토큰은 고유의 값을 지닐 뿐 아니라 불법 복제를 방지하는 기능이 있어 세상에서 유일하며 다른 것으로 대체하거나 교환할 수 없기 때문에 대체 불가능 토큰이라고 한다. 흔히 영어 약자 NFT로 표시한다.

원본을 복제한 디지털 창작품은 얼마든지 재생산하거나 복사할 수 있다. 그래서 희소하지 않으며 가치도 거의 없다. 그러나 NFT는 블록체인을 이용해 조작이 불가

180

능한 원본 증명서를 고유하게 만들어내므로 희소성을 지닌다. 한마디로 디지털 세계의 원본이다. 레오나르도 다 빈치의 진품 '모나리자'가 2개 존재할 수 없고 대체될 수 없는 것과 마찬가지이다.

오늘날 예술품, 사진, 비디오, 오디오, 물리적 자산, 희소한 디지털 리소스, 심지어 주식에 이르는 사실상 모든 것이 NFT의 대상이 되고 있다. 유형이든 무형이든, 실물이든 디지털이든 희소하다는 이유로 가치 있다고 믿는 사람들이 NFT를 투자 대상으로 삼는다. 실제로 인기 있는 NFT는 시장에서 매우 높은 가격에 거래된다. 일반적인 투자 상품과 마찬가지로 NFT도 수요와 공급의 원리에 따라 가치가 결정된다.

경고하는 목소리도 있다. 결국은 컴퓨터 속 데이터에 불과하며 신기루를 과대평가하는 셈이라는 비판적 견해이다. 저작권, 초상권, 수익 분배 문제와 관련해 해결해야 할 사안도 많다.

(연관 개념어) **가상 자산**

레버리지

leverage

돈을 빌려 투자함으로써 수익을 늘리는 전략을 레버리지라고 한다. 예를 들어 자기 돈 1백만 원으로 이익 10만 원을 올린다면 자기자본 이익률이 10%이다. 그런데 1백만원의 절반인 50만 원이 빌린 돈이라면 자기자본은 50만원이므로 자기자본 이익률은 20%로 2배가 된다.

레버lever는 지렛대, 레버리지는 지렛대의 힘이라는 뜻의 영어 단어이다. 고대 수학자 아르키메데스가 지레를 이용하여 작은 힘으로 무거운 물체를 움직일 수 있는 지레의 원리를 발견했다. 본인의 돈만으로는 얻을 수 없었던 많은 수익을 다른 사람의 돈(부채)을 지렛대 삼아 얻는 투자 기법이 지레의 원리와 유사하다는 데서 만들어진 경제 개념이 레버리지 효과, 우리말로 지렛대 효과이다.

레버리지는 불가능했던 투자도 가능하게 해준다. 가진 돈이 3억 원인 사람은 시세가 5억 원인 아파트를 구매할 수 없다. 이때 은행 대출 2억 원을 레버리지로 활용해 아파트를 구매한 뒤 7억 원에 되팔면 빌린 돈 2억 원을 갚고도 5억 원이 남으므로 결국 2억 원을 번다(이자와 수수료 계산은 무시). 빚을 지렛대로 잘 활용한 덕분에 돈을 벌 수 있었다.

부동산 시장에서 레버리지를 이용하는 대표적 투자 기법은 갭 투자다. 매매가와 전세가의 차액gap이 적은 집을 고르고 차액에 해당하는 돈만 투자해 시세 차익을 얻는 방법이다. '영끌'도 비슷한 현상이다.

레버리지 투자에는 가격이 많이 오르지 않거나 차입 금리가 예상보다 높아지면 치명적인 손실을 볼 수 있는 위험이 따른다. 그래서 레버리지는 달콤하되 위험한 이른바 고위험 고수익high risk high return 성향의 투자 기법이다.

과거 우리나라 기업들은 은행에서 돈을 빌려 설비투자 자금은 물론 기업 운영 자금까지 조달하며 레버리지 효과를 극대화했다. 초반에는 이러한 전략이 유효해 고성장을 달성하고 기업들이 규모를 키우는 데 성공했으나, 외환 위기라는 거대한 암초가 나타나자 빚을 견디지 못하고 많은 기업이 파산 지경에 이르렀다.

명목금리/실질금리

nominal interest rate/real interest rate

금리와 이자율은 의미가 같은 말이다. 금리는 대개 예금한 돈이나 빌린 돈의 퍼센트로 표시하며, 명목금리(명목 이자율)와 실질금리(실질 이자율) 2가지가 있다.

명목금리는 금융회사들이 광고하거나 통장에 표시하는 금리이다. 예금자나 차입자에게 적용되는 표면 금리이기도 하다. 가령 1억 원을 연 5% 금리로 빌리면 이자로 1년에 5백만 원을 내야 한다.

실질금리는 인플레이션으로 인한 화폐의 구매력 변화를 감안한 금리로, 명목금리에서 물가 상승률을 뺀 값이다. 돈을 빌리는 실질적 비용 또는 예금에서 얻는 실질적 이득을 나타낸다. 예를 들어 명목금리가 연 3%인 정기예금에 가입했는데 한 해 물가 상승률이 2%라면 실질금리는 1%에 불과하다. 물가가 오른 탓에 은행에 맡긴 예금에서 얻는 실제 수익이 1%에 그친다.

만약 물가 상승률이 명목금리보다 높다면 마이너스

실질금리가 된다. 예금을 통해 명목 이자를 받더라도 실질적인 구매력을 고려하면 오히려 손해를 본 셈이다. 실질금리가 낮아지거나 마이너스를 기록하면 은행 예금의 인기가 시들해지고 주식이나 부동산 등 다른 곳에 투자하는 사람이 많아진다. 결과적으로 주가가 오르거나 부동산 가격이 들썩인다.

명목금리와 실질금리의 관계와 유사한 경제 개념으로 명목 국내총생산과 실질 국내총생산, 명목임금과 실질임금이 있다. 어느 경우이든 '실질'은 인플레이션으로 인한 구매력 하락을 차감한 이후의 가치를 나타낸다.

실질금리 = 명목금리 − 물가 상승률

연관 개념어) **경제성장률, 명목임금**

뱅크런

bank run

은행 파산을 우려하는 다수의 예금자가 은행에 몰려가 예금을 찾으려 하는 시도를 뱅크런, 우리말로 대규모 예금 인출 사태라고 한다. 자신의 돈을 먼저 찾으려는 조급한 심정으로 예금자들이 은행[bank]으로 달려가는[run] 모습에서 뱅크런이라는 개념이 탄생했다.

은행은 예금 가운데 일부를 지급준비금이라는 이름으로 중앙은행에 예치한다. 그리고 남은 돈을 대출 자금으로 활용해 대출이자 수입을 올린다. 은행 금고에 남아 있는 돈은 예금액의 극히 일부에 불과하다. 그렇더라도 예금자들이 은행의 지불 능력을 의심하지 않는 평상시에는 아무런 문제가 되지 않는다.

문제는 은행이 대출해준 돈 가운데 회수하지 못하는 돈이 많아질 때 발생한다. 가령 부동산 가격이 크게 하락해 담보로 설정한 부동산을 팔더라도 대출금을 온전히 회수하지 못하는 상태가 되면 은행이 부실해질 우려가 발생하고, 예금자들 사이에 불안 심리가 꿈틀거린다. 은행이 파산하기 전에 자신의 돈을 찾으려는 동기가 커진다. 그래서 뱅크런의 상당 부분은 예금자들의 소문, 불안 심리에 기인하며, 일단 발생하면 전염성이 매우 강해 걷잡을 수 없다. 뱅크런에 대비하고 예금자의 불안 심리를 진정하기 위해 정부가 마련한 것이 예금자 보호 제도이다.

온라인 거래와 스마트폰을 이용한 거래가 주를 이루는 오늘날에는 뱅크런의 모습이 사뭇 달라졌다. 굳이 은행으로 달려갈 필요 없이 한밤중에도 집에서 자신의 예금을 다른 안전한 곳으로 이체할 수 있다. 그래서 특정 은행이 부실하다는 소문이 돌면 하룻밤 사이에 상상을 초월하는 규모의 돈이 은행에서 빠져나간다.

이를 디지털 뱅크런(폰 뱅크런, 스마트폰 뱅크런)이라고 부른다. 디지털 뱅크런이 발생하면 은행이나 정부가 미처 손쓸 겨를 없이 특정 은행이 파산 위기에 빠질 수 있다. 은행의 건전한 경영과 정부의 금융 시스템 안정화가 훨씬 중요해졌다는 뜻이다.

연관 개념어 지급준비율, 예금자 보호 제도

버블

bubble

현실에서는 인기 있는 지역의 아파트값이나 주가가 이상하리만큼 급등하곤 한다. 이처럼 누가 봐도 가격이 비상식적으로 높고 어떤 요인으로도 그 가격을 정당화할 수 없을 때 가격에 버블 또는 거품이 있다고 말한다.

버블은 자산 가격이 급등해 자산의 장기적 펀더멘털로 정당화할 수 있는 가치인 내재 가치보다 훨씬 높게 거래되는 현상이다. 비누나 맥주의 거품이 오래 버티지 못하듯이, 자산 가격의 버블도 시간이 흐르면서 사라지고 가격 급락이 뒤따른다.

버블이 발생하면 보유 자산의 가격이 오른 덕분에 부자가 되었다고 생각하는 사람들이 소비를 늘려 경제가 반짝 좋아진다. 그러다가 버블이 갑작스럽게 꺼지면 소비가 급격히 줄어들어 경기가 나빠지고 개인뿐 아니라 국가 경제가 후유증에 시달린다.

버블이 발생하는 이유를 보편적으로 설명할 수 있는

경제 이론은 아직 없으나, 미래에 대한 지나친 낙관, 풍부한 유동성(돈), 투자자들의 욕망 등을 주된 요인으로 꼽는다. 여기에 더 멍청한 바보 이론greater fool theory도 있다. 더 큰 바보 이론이라고도 한다. 주식이나 부동산 등의 가격이 높은 상태지만 이를 더 멍청한 바보에게 더 높은 가격으로 되팔 수 있을 것이라는 기대 때문에 주식이나 부동산을 구매하는 행위를 말한다.

투자 의사를 결정할 때는 구매하려는 자산의 가격이 적정한지를 따지는 게 정상이지만 지금보다 더 높은 가격에 되팔 수 있는지만 따져 구매 여부를 결정하는 비이성적인 심리에서 버블이 생긴다는 이론이다. 설령 비싼 값에 구매한 사람이 바보라 하더라도 더 비싼 값에 사는 더 멍청한 바보가 있다면 어떤 가격이든 정당화될 수 있다. 이른바 폭탄 돌리기인 셈이다.

군중심리 또는 더 나아가 대중의 투자 흐름을 놓치거나 이로부터 소외되는 것에 불안감을 느끼는 포모fear of missing out, FOMO 증후군도 버블의 원인이 될 수 있다. 주위 사람들이 너도나도 특정 자산에 투자하며 돈을 벌면 자신도 무작정 따라 하려는 욕구가 생기고, 그 결과 자산 가격이 과도하게 오를 수 있다.

법정 최고 금리

interest rate ceiling

신용도가 낮아 제2금융권인 상호저축은행, 새마을금고, 증권회사, 보험사, 카드사 등에서도 대출을 거절당한 사람들이 찾는 곳이 대부 업체이다. 일부 대부업자는 이 점을 악용해 고금리를 요구하며 차입자를 착취한다. 이를 예방하기 위해 우리나라 정부는 이자제한법을 제정하고, 일정 수준 이상의 금리를 받지 못하도록 금리 상한선을 설정했다. 이 상한선이 법정 최고 금리이다. 가격통제 사례 중 하나인 이 제도의 취지는 서민이 과도한 이자를 부담하지 않도록 하고 고리대금의 폐해를 차단하기 위해서이다.

취지가 선하지만 가격을 인위적으로 통제하는 제도이므로 부작용도 있다. 법정 최고 금리 때문에 수익이 줄어드는 대부 업체들은 대출을 줄인다. 그 결과 대부 업체로부터 돈을 빌리는 데 실패한 일부 저신용자가 불법 사금융(사채)에서 급전으로 돈을 융통해야 하는 최악의 상황으로 내몰리는 풍선 효과가 나타날 수 있다.

현재 법정 최고 금리는 연 20%이며, 이를 초과해 이자를 받는 자는 3년 이하의 징역이나 3천만 원 이하의 벌금형에 처해진다.

금리^(이자율)에서 신경 써야 할 부분이 있다. 1백만 원을 빌렸는데 금리가 5%라면 이자로 5만 원을 내야 하는데, 기간이 문제이다. 하루 이자로 5만 원을 줘야 하는지, 1개월 빌리고 5만 원을 줘야 하는지가 명확하지 않다.

금리는 '연' 단위가 기본이다. 기간에 대한 구체적 언급 없이 금리라는 말만 있으면 연 금리가 5%라는 뜻이다. 그러므로 1년에 이자로 5만 원을 주면 된다. 예금도 마찬가지이다. 금리 5%를 내세우는 6개월 만기 정기예금에 1천만 원을 예치하면 6개월 후에 받는 이자는 50만 원이 아니라 그 절반인 25만 원^(1천만 원×5%÷2)이다.

금리가 연간 단위라는 사실을 명확하게 밝히기 위해 연 금리 또는 연리라는 표현을 쓴다. 만약 금리를 월 단위로 정하고 싶다면 금리 앞에 '월'을 표기해야 한다.

연관 개념어) **가격통제, 풍선 효과**

선물/옵션

futures/options

미래의 특정한 날짜에 상품을 인도하고 대금을 결제하기로 정하고 계약만 먼저 하는 거래를 선물이라고 한다. 약속한 날이 되면 계약 내용을 이행함으로써 선물 거래를 마무리한다. 지금 존재하는 물건이 아니라 미래에 생길 물건을 거래한다는 뜻에서 선물 거래를 영어로 futures라고 하며, 파생 상품 중 하나다.

상품 인도와 대금 결제를 하기로 약속한 날이 되면 해당 상품의 시세가 마음에 들지 않더라도 거래를 이행해야 한다. 상품 가격을 잘 예측한 쪽은 돈을 벌지만, 상대방은 손실을 보는 제로섬게임이다.

옵션은 선물을 일부 보완한 파생 상품이다. 영어 단어의 뜻이 선택권임을 상기하면 옵션 상품을 이해하는 데 도움이 된다. 기초 자산의 가격이 미리 정해놓은 행사 가격 X를 넘어서는 경우 X에 살 수 있는 권리가 있는 옵션(콜 옵션call option)과, 가격이 행사 가격 X 이하로 떨어지는 경우 X에 팔 수 있는 권리가 있는 옵션(풋 옵션put option)으로 구분한다.

선물의 경우 단순히 계약만 이루어지는 데 비해 옵션은 매입자가 매도자에게 계약금에 해당하는 프리미엄을 지급한다. 대상 상품의 가격이 기대대로 X보다 높아지면 X에 살 권리를 행사해 상품을 구매한 후 시장에서 비싸게 팔아 차익을 남긴다. 만약 상품 가격이 너무 낮아지면 살 권리를 포기해버린다. 물론 옵션 계약할 때 지급한 프리미엄도 포기해야 한다.

스와프(스왑swaps)는 맞바꾼다는 뜻의 영어 단어로, 두 당사자가 일정 기간 원금이나 이자 등을 교환하기로 약속하는 계약이다. 두 국가가 통화를 교환하는 통화 스와프 등이 있다.

(연관 개념어) 파생 상품, 통화 스와프

소비자물가지수

consumer price index

물가가 어느 수준이며 과거와 어느 정도 달라졌는지를 파악하기 위해 정부는 물가지수를 작성한다. 가격을 조사하는 상품과 작성 방식에 따라 여러 종류의 물가지수가 있으며, 가장 대중적인 것은 소비자물가지수다. 소비자들이 주로 구매하는 상품들에 초점을 두고 가격을 조사해 하나의 수치로 변환한 물가지수이다. 소비자물가지수는 개인의 소비생활 및 소득 구매력과 밀접하므로 사람들의 관심이 가장 많이 쏠리며, 언론도 제일 자주 인용한다.

소비자들이 구매하는 무수히 많은 품목의 가격을 일일이 조사하면 비용과 시간이 많이 소요되므로 소비 비중이 비교적 높은 품목을 대표로 선정한다. 소비 비중도 세월에 따라 변하므로 소비자물가지수 체계를 개편할 때마다 조사 대상 품목 수가 달라지는데, 2023년 기준으로 458개이다. 소비자물가지수에서 상품 대신 품목이라는 용어를 쓰는 이유는 냉동식품, 운동 용품처럼 하나의 품목 안에 여러 상품이 담기기도 하기 때문이다. 소비로 보기 어려운 세금, 예금, 주식 투자비, 예술품 구입비 등은 소비자물가지수 품목에 포함되지 않는다.

소비자물가지수를 산정하기 위해 통계청은 서울, 부산, 대구, 광주 등 전국 40개 도시에서 표본으로 선정한 2만 6천여 개 소매점^(백화점, 대형 마트, 전통 시장 등 포함)을 직접 방문하거나 전화로 가격 자료를 수집한다. 가격 변동이 심한 농·축·수산물이나 석유류는 1개월에 3차례 가격을 조사해 평균값을 사용한다.

소비자물가지수는 458개 품목의 가격을 가중평균해서 구한다. 따라서 소비지출에서 차지하는 상대적 중요도가 큰 품목일수록 소비자물가지수에도 큰 영향을 미친다. 예를 들어 전체 소비에서 차지하는 비중이 작은 달걀은 가격이 2배로 폭등하더라도 소비자물가지수가 받는 영향이 적다. 이 때문에 소비자의 체감 물가가 많이 올라도 소비자물가지수는 별로 오르지 않을 수 있다.

소비자물가지수의 쓰임새는 무척 다양하다. 정부는 경기를 판단하고 재정 정책을 결정하는 지표로 쓴다. 경기와 물가가 같은 방향으로 움직이는 경향이 있기 때문이다. 한국은행이 통화 정책을 결정할 때도 소비자물가지수가 핵심 역할을 한다. 한국은행의 주요 목표 가운데 하나가 소비자물가 상승률을 2% 내외로 유지하는 것이므로, 물가가 이보다 높게 오르면 기준 금리를 인상해 물가를 잡는다.

소비자물가지수는 국민연금에도 영향을 미친다. 수급자의 연금 구매력을 유지해 안정적인 노후 소득을 보장하기 위해 정부가 소비자물가 상승률에 연동해 국민연금 지급액을 조정하기 때문이다.

(연관 개념어) 재정 정책, 통화 정책, 기준 금리

시중은행

commercial bank

은행은 대출과 수신을 주요 업무로 하는 금융회사이다. 은행의 종류는 여러 가지인데, 대개 은행이라고 표현할 때는 시중은행을 의미한다.

우리나라의 시중은행에는 신한은행, 우리은행, 한국씨티은행, KEB하나은행, KB국민은행, SC제일은행, iM뱅크(대구은행)가 있다. 시중은행에 해당하되 오프라인 영업점을 설치하지 않고 인터넷으로만 영업하는 은행은 인터넷 전문 은행이라 부른다. 현재 케이뱅크, 카카오뱅크, 토스뱅크 3곳이 있다.

전국에 걸쳐 모든 국민을 대상으로 영업하는 시중은행과 달리 지방은행은 수도권을 포함해 특정 지역에서만 영업이 가능한 은행이다. 우리나라에는 경남은행, 광주은행, 부산은행, 전북은행, 제주은행 5개 지방은행이 있다.

시중은행과 지방은행은 모두 은행법에 따라 설립된 일반은행이다. 일반은행에 대조되는 개념의 은행은 특수은행이다. 특수은행은 특수은행법에 따라 설립된 은행으로, 재원의 제약, 수익성 확보의 어려움 등으로 인해 일반 은행이 자금을 충분히 공급하기 어려운 경제 부문에 자금을 원활하게 공급한다. 한국수출입은행, IBK기업은행(중소기업은행), KDB산업은행, NH농협은행, SH수협은행이 여기에 속한다.

이 가운데 한국수출입은행, IBK기업은행, KDB산업은행은 정부가 금융정책을 집행하기 위해 설립한 은행이라는 뜻에서 국책은행으로 불린다. NH농협은행과 SH수협은행은 시중은행과 같은 기능을 하지만, 개별법에 따라 설립된 탓에 특수은행으로 분류된다.

(연관 개념어) **인터넷 전문 은행**

신용 점수

credit score

경제학에서 신용이란 빌린 돈을 제때 갚는 능력을 말한다. 개인의 신용이 얼마나 좋고 나쁜지를 평가해서 점수로 수치화한 것이 신용 점수이다.

우리나라에서는 최저 1점부터 최고 1,000점 사이의 점수로 개인의 신용도를 측정한다. 신용 점수가 높을수록 신용이 좋은 사람임을 객관적으로 인정받는다.

2020년까지는 개인의 신용도를 1등급부터 10등급으로 구분한 신용 등급으로 평가했는데, 몇 가지 문제점이 있었다. 가령 하나의 등급에 속하는 수백만 명의 개인이 똑같은 취급을 받았다. 그 가운데는 상대적으로 신용이 더 좋고 더 나쁜 사람이 있음에도 등급이 하나였다. 때로는 단 1점 차이로 한 사람은 1단계 높은 신용 등급, 다른 사람은 1단계 낮은 등급으로 분류되어 혜택이 크게 갈리는 문제도 있었다. 이 문제점을 극복하기 위해 정부는 신용 점수를 도입했다. 미국도 신용 점수를 사용한다.

신용 점수의 위력은 대출받을 때와 신용카드를 사용할 때 드러난다. 신용 점수가 높으면 가산 금리가 낮아 그만큼 적은 이자로 대출받을 수 있고 신용카드의 사용 한도도 높다. 그러나 신용 점수가 일정 수준에 미달하면 은행권 대출이 막히며, 상대적으로 금리가 높은 제2금융권에서 비싼 대가를 부담하며 대출을 받아야 한다. 신용 점수가 더 낮은 사람은 대부 업체에서 돈을 빌린다.

개인의 신용 점수는 이를 전문적으로 평가하는 신용 평가사가 부여한다. 이 회사들은 과거 채무 상환 이력과 현재의 연체 여부 등의 대출 상환 이력, 신용거래 형태와 종류, 부채 수준^(대출과 소득 등), 신용거래 기간 등 다양한 요소를 복합적으로 반영해 신용 점수를 산정한다. 회사마다 구체적으로 산정하는 방식이 달라 개인의 신용 점수도 다소 다르다. 우리나라 전체 국민의 40% 정도가 900점 이상의 높은 점수를 유지하고 있다.

개인이 공신력 있는 기관에서 자신의 신용 점수를 조회한다고 해서 신용 점수가 나빠지지는 않으므로 정기적으로 확인하고 관리할 필요가 있다. 1년에 3회까지는 무료로 신용 점수를 조회할 수 있다. 연체금을 모두 갚는다고 해서 바로 신용 점수가 높아지지는 않으므로 처음부터 연체하지 않는 것이 최선의 신용 관리 요령이다. 은행 대출금 연체뿐 아니라 통신 요금, 공과금 등의 연체도 신용 점수 산정에 부정적으로 작용한다.

연관 개념어 가산 금리

예금자 보호 제도

deposit insurance

예금자 보호 제도는 금융회사가 부실해져 고객의 예금을 지급할 수 없는 상태가 되면 정부가 예금을 대신 지급하여 고객의 예금을 보호하는 제도이다. 세계 대공황으로 많은 은행이 도산하고 뱅크런으로 몸살을 앓던 미국이 1933년 처음으로 현대식 상설 제도로 도입했다. 우리나라는 1995년에 예금자보호법을 마련했으며, 이때 설립한 예금보험공사가 예금 지급을 보장한다.

금융회사는 고객으로부터 받은 예금 가운데 일정 비율을 예금보험공사에 예금 보험료로 낸다. 만약 지급 불능이라는 사고에 직면하면 예금보험공사가 고객에게 예금을 대신 지급해준다. 정부가 책임지고 예금 지급을 보장하니 금융회사가 부실해졌다는 소문에 불안해하지 말고 뱅크런도 자제하라는 취지이다.

다만 보호 한도가 있다. 예금자 1인당 원금과 소정의 이자를 합해 최고 5천만 원까지만 보호해준다. 1인당 최고 한도는 금융회사별로 각각 적용되므로, 5천만 원 이상의 현금을 보유한 사람은 여러 금융회사에 분산 예치하여 보장받을 수 있다. 은행에서 가입했더라도 주식이나 채권 같은 상품에 투자한 돈, 펀드, 양도성 예금증서[CD] 등은 예금자 보호가 되지 않는다. '예금'이 아니라 '투자' 상품이기 때문이다. 대신 증권회사의 고객 예탁금이나 개인 명의로 가입한 보험회사의 보험 계약은 예금자 보호를 받는다.

농협이나 수협의 지역조합, 새마을금고, 신용협동조합 같은 제2금융권에는 예금보험공사가 지급보증을 하지 않지만, 대신 이들은 자체적으로 보호 기금을 마련해 동일한 조건으로 고객 예금을 보호해준다. 국가가 운영하는 우체국은 정부가 원금과 이자를 포함한 전액을 제한 없이 보장한다.

은행의 주택청약종합저축도 예금자 보호 대상이 아니다. 그렇다고 불안해할 필요는 없다. 여기에 맡긴 돈은 국민주택기금으로 정부가 관리하고 지급을 보증하므로 굳이 예금보험공사가 이중으로 보호할 필요가 없다.

(연관 개념어) 뱅크런, 도덕적 해이

예대 금리 차

loan-deposit margin

예대 금리 차라는 용어의 앞부분은 예금의 '예', 대출의 '대'에서 따온 말이다. 따라서 예대 금리 차는 은행이 예금자에게 적용하는 예금 금리와 차입자에게 적용하는 대출금리의 차이라는 뜻이다. 차이를 의미하는 영어 단어 마진^{margin}을 사용해 예대 마진이라고 부르기도 한다. 어떤 은행의 대출금리가 5%, 예금 금리가 2%라면 예대 금리 차는 3%이다.

은행이 싼 이자를 주고 돈을 모은 후 비싼 이자를 받고 돈을 빌려주면 예대 금리 차가 커지고 이자 수익을 많이 얻을 수 있다. 이자 수익은 우리나라 은행들의 수익원 가운데 제일 큰 비중을 차지한다. 이에 대해 비판적인 시각이 많다. 은행이 독과점 지위를 이용해 이자 장사로, 그것도 고객의 돈으로 쉽게 돈을 번다는 것이다.

과거에는 은행이 얼마나 수익을 잘 내는지를 따질 때 주로 예대 금리 차를 봤다. 최근에는 여기에 순이자 마진^{NIM}이라는 지표를 추가한다. 예대 금리 차뿐 아니라 증권투자에서 얻는 수익까지 포함한 전체 수익에서 자금조달 비용을 뺀 값을 운용 자산 총액으로 나눈 비율이다. 예대 금리 차에서 얻는 이자 수익 외에도 외화나 유가증권 등에서 발생하는 이자까지 파악할 수 있는 포괄적 지표이다.

예대 금리 차 = 대출금리 – 예금 금리

$$순이자\ 마진(\%) = \frac{수익 - 자금\ 조달\ 비용}{운용\ 자산} \times 100$$

요구불 예금/저축성 예금

demand deposit/savings deposit

은행에는 돈을 맡길 수 있는 상품이 무척 다양하다. 이 상품은 크게 2종류로 나눌 수 있다. 예금자가 언제든 마음대로 돈을 맡기고 찾을 수 있는 요구불 예금과 그렇지 않은 저축성 예금이다.

요구불 예금은 예금자가 사전 통보하지 않고 아무 때나 원하는 금액을 예치하고 인출할 수 있는 계좌이다. 고객의 인출 '요구'에 언제든지 부응하는 예금이라는 뜻이다. 은행은 고객이 언제 얼마의 돈을 찾아 갈지 예측할 수 없으므로 상당한 자금을 늘 금고에 보유하고 있어야 한다. 이 돈은 대출해줄 수 없으므로 은행이 수익을 내지 못한다. 그러므로 요구불 예금에 대해서는 은행이 예금 이자를 거의 주지 않는다. 이 예금은 일상생활에서의 지출과 구매에 필요한 돈을 잠시 맡기는 목적에 적합하다.

요구불 예금에 해당하는 구체적 예금 상품의 대표는 보통예금이다. 가입 대상, 예치 금액, 예치 기간, 입출금

횟수 등에 아무런 제한 없이 자유롭게 거래할 수 있다.

당좌예금은 은행과 계약을 체결한 자가 상거래로 취득한 자금을 은행에 예치하고 그 범위 안에서 수표나 약속어음을 발행할 수 있는 예금이다. 그러므로 개인은 가입할 수 없고, 신용과 자산 상태가 양호하다고 인정되는 법인이나 사업자등록증을 소지한 개인만 가입할 수 있다. 개인이 가입해 가계수표를 발행할 수 있는 것은 가계당좌예금인데, 모든 금융회사를 통틀어 1인 1계좌만 개설할 수 있다.

저축성 예금은 이자를 벌거나 자금을 모아 불리려는 목적에서 가입하는 상품이다. 은행에 돈을 맡긴 후 일정 기간이 지나야 찾을 수 있는 등 예금 납입과 인출 방법 등에 제약이 있다. 은행은 고객이 가입하면서 약속한 기간에는 돈을 미리 준비해둘 필요 없이 자유롭게 대출해줘 이자를 벌 수 있으므로 고객에게 요구불 예금보다 높은 금리를 적용해준다.

저축성 예금은 크게 적립식 예금과 거치식 예금 2종류로 나뉜다. 적립식 예금은 흔히 정기적금이라고 부른다. 일정 기간 동안 일정한 금액을 납입하겠다고 미리 약정하고 약정일에 정해진 금액을 적립하는 상품이다. 조금씩 돈을 쌓아 목돈을 마련하는 가장 기본적인 수단이다. 정기적금과 달리 월 납입액을 미리 정해놓지 않고 예금자가 자금에 여유가 생길 때마다 자유롭게 납입할 수 있는 자유적금도 있다. 돈과 시간에 구애받지 않아 편리하나 정기적금보다는 금리가 낮다. 이 외에 상호부금, 주택청약종합저축 등이 있다.

흔히 정기예금이라고 부르는 거치식 예금은 일정 기간을 미리 정해 일정 금액을 예치하고, 기간이 만료되기 전에는 찾지 못하는 기한부 예금이다. 보통은 만기가 1개월부터 5년까지로 다양하다. 만기까지 가입 당시의 금리를 그대로 유지하는 확정 금리형, 시장 상황에 맞게 보통 1년 단위로 금리가 변동하는 실세 금리 연동형^(회전식)이 있다.

마지막으로 저축예금이 있다. 가계의 저축을 증대하기 위해 도입된 상품으로, 가입 대상, 예치 금액, 입출금 횟수 등에 제약 없이 자유롭게 입출금할 수 있다. 이런 점에서는 요구불 예금의 특성이 있으나, 오래 예치하면 저축성 예금처럼 이자를 많이 주는 상품이어서 저축성 예금으로 분류한다.

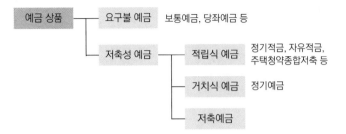

예금 상품 ── 요구불 예금   보통예금, 당좌예금 등

     └─ 저축성 예금 ──┬─ 적립식 예금   정기적금, 자유적금,
                                              주택청약종합저축 등

                          ├─ 거치식 예금   정기예금

                          └─ 저축예금

인터넷 전문 은행

direct bank

인터넷 전문 은행은 전자 금융거래 방법으로 은행업을 영위하는 은행이다.

인터넷 전문 은행이 되려면 비대면 거래 의무화, 영업 지점 없음, 기업 상품 취급 제한이라는 3가지 조건을 충족해야 한다. 영업점 없이 인터넷으로만 은행 서비스를 제공하기 때문에 영어로 branchless bank, internet-only bank, neobank, online bank, virtual bank 등 다양하게 불리고 있다. 기존 오프라인 은행이 인터넷 금융거래를 할 수 있도록 해준 인터넷뱅킹과 이름이 비슷하지만 개념은 전혀 다르다.

인터넷 보급률과 이용률이 증가하고 IT 산업이 급속히 발달하면서 미국과 유럽에서는 1990년대부터, 일본에서는 2000년대 들어 인터넷 전문 은행들이 속속 영업을 시작했다. 우리나라에서는 2016년부터 케이뱅크를 시작으로 카카오뱅크, 토스뱅크가 차례로 영업을 개시했다.

인터넷 전문 은행의 최대 장점은 365일 24시간 언제든지 계좌 개설과 금융거래를 할 수 있고, 오프라인 은행 접근이 쉽지 않은 소외 지역에서도 이용할 수 있는 편의성에 있다. 이뿐 아니라 영업점 운영에 필요한 임대료와 인건비를 절약하고, 다양한 정보와 빅 데이터에 기반한 핀테크 기술을 앞세워 새롭고 혁신적인 금융 상품을 도입할 수 있다. 이러한 장점을 내세워 전통적 오프라인 시중은행보다 낮은 수수료, 유리한 금리 조건, 혁신 금융 서비스 제공 등의 차별화 전략으로 성장하고 있다.

(연관 개념어) **시중은행**

주식

stock

주식은 특정 주식회사의 지분을 갖고 있음을 나타내는 유가증권이다. 유가증권은 주식, 채권, 수표, 어음 등 돈으로서 가치가 있는 권리를 표시한 증표다. 채권과 함께 주식은 투자자의 포트폴리오를 구성하는 기본 금융 상품이다.

주식회사의 주식을 구매한 투자자는 주식회사의 주인인 주주 자격을 취득한다. 주식을 세는 단위는 '주'이며, 보유 주식 수에 비례해 해당 주식회사의 자산과 이윤을 차지할 권리를 갖는다. 가령 모두 1천만 주를 발행한 주식회사의 주식을 10만 주 보유한 주주는 회사의 자산과 이윤 가운데 1%에 대한 소유권을 주장할 수 있다. 종이 주식을 주권이라고도 부르는데, 요즘은 종이 주식은 사라졌고 전자 형태로 발행한다.

이자를 받는 채권 투자자와 달리 주식 투자자에게는 이자가 없다. 대신 회사의 이윤 가운데 일부를 배당금으로 받을 수 있다. 주식 투자금에는 만기와 상환이 없으므로, 투자한 돈을 회수하고 싶은 주주는 해당 주식을 주식 시장에서 팔아야 한다. 주식 매매는 증권회사를 통해 가능하며, 증권회사는 관련 업무를 중개한 대가로 일정한 수수료를 받아 돈을 버는 금융회사이다.

오늘날의 주식과 유사한 상품이 고대 로마 시대에도 존재했다는 기록이 있으나 현대적 의미의 주식은 17세기 초에 시작됐다. 유럽 각국이 신항로를 개척하여 대항해 시대를 열면서 인도, 아메리카, 아시아, 아프리카와 무역하여 엄청난 수익을 올릴 기회가 생겼다. 그렇지만 대항해가 실패로 끝나 전 재산을 탕진하는 사람이 많아져 투자자를 모으기 힘들었다. 이에 많은 사람이 조금씩 돈을 모아 자본금이 큰 회사를 만드는 혁신적 생각이 제시됐다. 이 생각을 처음 실현한 것이 최초의 주식회사인 네덜란드동인도회사이다.

주식에는 보통주와 우선주가 있다. 우선주에는 대개 주주총회에서 투표할 권리가 부여되지 않는다. 대신 회사의 자산과 이윤에 대한 권리 측면에서 보통주보다 우선순위에 있고 배당금도 더 많이 받는다.

(연관 개념어) 채권, 포트폴리오, 주식회사

주식회사/유한회사

incorporated/limited company

회사란 상행위나 영리를 목적으로 설립된 법인이다. 우리
나라 상법은 회사의 종류를 합명회사, 합자회사, 주식회
사, 유한회사, 유한책임회사 5가지로 구분한다. 회사를 구
분하는 핵심 기준은 회사를 구성하는 사원의 책임 범위다.

합명회사는 무한책임사원만으로 구성된다. 모든 사
원이 회사 경영에 직접 참여하고 회사를 대표한다. 대개
신뢰가 두터운 가족이나 친척 단위의 소수 사원으로 구
성되며 소규모 회사에 적합하다.

합자회사는 무한책임사원과 유한책임사원이 섞여
있는 회사 형태이다. 무한책임을 지는 사원이 회사를 경
영하며 대표한다. 유한책임사원은 출자액을 기준으로 이
익을 분배받을 뿐 대표권이 없다. 그 대신 회사를 감시할
권한을 갖는다. 합자회사 역시 대개 사원 수가 많지 않다.

주식회사는 주주가 출자한 자본금으로 구성되는 물
적회사이다. 주주는 보유한 주식만큼만 유한책임을 진

다. 소유와 경영이 분리되어 있어 주주는 회사 경영에 직접 참여하지 않으며 회사 대표권도 없고 주주총회를 통해 의사 결정에 참여한다. 대규모로 자본을 조달하기 유리하므로 대기업에 적합하다.

유한회사는 주식회사와 달리 모든 사원이 자본금을 출자한다. 이들 사원은 출자한 자본금만큼 소유권과 의결권을 가지고 유한책임을 진다. 최고 의사 결정 기구는 사원총회이다. 사원이 지분을 다른 사람에게 양도하려면 사원총회의 승인을 받아야 한다. 주식회사처럼 1인이 설립할 수 있다. 설립 절차가 주식회사보다 간단하지만 회사채는 발행할 수 없다. 중소기업에 적합하다.

유한책임회사는 유한책임사원으로 구성되는 회사라는 점이 유한회사와 같으나 출자한 자본금 규모와 관계없이 사원 1명이 1개의 의결권을 가진다는 점에서 유한회사와 다르다. 이사, 감사 등에 관한 규정이 따로 없으며 설립과 운영에 대한 자치권이 폭넓게 인정되므로 비교적 유연하게 운영할 수 있다. 정부가 벤처기업 등을 육성하기 위해 새롭게 허용한 회사 형태이다.

연관 개념어) 주식, 채권

채권

bond

채권은 돈이 필요한 정부, 금융회사, 주식회사가 투자자에게서 돈을 빌리기 위해 발행하는 유가증권이다. 쉽게 말하면 빚 문서이다. 다만 개인이 발행하는 빚 문서(차용증)와 달리 채권은 시장에서 사고팔 수 있다.

채권 발행자는 채권으로 조달한 돈인 부채를 만기에 상환할 의무가 있다. 채권을 구매한 투자자는 채권 발행자에게 돈을 빌려준 셈이며, 약속한 이자와 원금을 돌려받는다.

채권 투자자는 이자 외에 시세 차익으로도 돈을 벌 수 있다. 채권 가격이 수시로 바뀌는 사실을 이용해, 만기가 되기 전에 채권을 샀을 때보다 더 비싸게 되팔아 돈을 버는 방법이다. 채권 가격은 시장 금리와 거꾸로 움직인다. 즉, 시장 금리가 오르면 채권 가격이 내려간다. 시장 금리가 내리면 채권 가격이 올라간다.

주식과 비교하면 채권은 안정적인 수익을 가져다준

다. 그렇다고 채권에 위험이 전혀 없는 것은 아니다. 채권을 발행한 회사가 부실해져 약속한 이자와 원금을 지급하지 못할 가능성이 있다. 따라서 채권에 투자할 때도 발행 기업의 신용도를 꼼꼼히 따져야 한다.

채권을 발행할 수 있는 기관은 법으로 정해져 있어 개인은 발행할 수 없다. 채권의 종류는 정부나 공적 기관이 발행하는 국·공채, 주식회사가 발행하는 회사채로 나뉜다.

(연관 개념어) 주식, 국·공채, 회사채

코픽스

COFIX

자금 조달 비용 지수$^{\text{Cost of funds index}}$를 뜻하는 코픽스는 신한, 우리, 한국씨티, IBK기업, KEB하나, KB국민, NH농협, SC제일 등 우리나라 8개 은행이 대출에 사용할 자금을 조달하는 데 들어간 금리를 은행연합회가 가중평균해 산출한 값이다.

　은행이 대출로 수익을 내기 위해서는 대출에 필요한 자금을 확보해야 한다. 은행이 대출 자금을 확보하는 경로는 정기예금이나 정기적금으로 들어온 돈, 양도성 예금증서를 발행해서 구한 돈, 채권을 발행해서 조달한 돈 등으로 다양하다. 이처럼 다양한 경로로 돈을 맡긴 사람들에게 은행이 지급하는 이자가 바로 은행의 자금 조달 비용이다. 예전에는 콜금리나 양도성 예금증서 금리로 자금 조달 비용을 산출했는데, 2010년부터 코픽스가 그 자리를 대신하고 있다.

　정기예금이나 정기적금의 금리가 오르면 코픽스도

오른다. 예금 금리가 오르면 대출금리도 따라서 오르는 경향이 있다는 뜻이다. 반대로 코픽스가 낮아지면 은행이 적은 이자를 주고 대출 자금을 마련했으므로 대출금리도 낮아진다.

(연관 개념어) **가산 금리**

파생 상품

derivative

파생 상품이란 전통 상품을 기초 자산으로 하고, 기초 자산의 가치 변동에 연계해 가격이 결정되도록 설계한 금융 상품을 말한다. 기초 자산의 가치 변동으로부터 파생된derived 금융 상품이라는 뜻이다. 가격이 수시로 변해 손해 볼 가능성이 큰 자산의 위험을 회피하기 위해, 즉 헤징hedging을 위해 탄생한 금융 상품이다.

영어 헤지hedge는 울타리란 뜻이다. 야생동물이 공격할 위험으로부터 가축을 보호하기 위해 울타리를 치는 모습에 빗대, 자산 가치 하락이나 손실이라는 위험으로부터 보호하는 것을 헤징이라고 부르기 시작했다.

지금은 파생 상품이 헤징이란 원래 목적에서 벗어나 많은 사람의 투기 수단으로 자리 잡았다. 파생 상품의 특성상 기초 자산을 실제로 소유하지 않고도 투자할 수 있으며, 가격 예측에 성공하면 레버리지 덕분에 엄청난 수익을 올릴 수 있기 때문이다. 그러나 가격 예상이 어긋나면 큰 손실과 대형 참사로 귀결되는 매우 위험한 상품이다.

주식, 채권, 주가지수 같은 금융 상품을 비롯해 농수산물, 원자재, 석유, 금 같은 실물 자산에 이르기까지, 합리적이고 적정한 방법으로 가격을 산출하거나 평가할 수 있는 것이라면 모두 파생 상품의 기초 자산이 된다. 날씨 같은 추상적 물질에 기초한 파생 상품도 생겨났다.

일반적 거래에서는 상품을 건네고 그 자리에서 돈을 주고받지만 파생 상품 거래에서는 최초 계약할 때 투자 금액이 필요하지 않거나 비교적 적은 금액만 필요하다. 이후 미래의 약정일에 최종 결제가 이루어진다. 구체적 파생 상품은 선물, 옵션, 스와프 등이다.

(연관 개념어) 환차손, 레버리지, 선물, 통화 스와프

포트폴리오

portfolio

자산을 보유한 사람들 중 많은 이는 하나가 아니라 여러 종류의 자산을 함께 보유한다. 누구나 기본적으로 지니는 현금 외에 예금, 주식, 채권, 부동산, 금, 그림, 가상 자산 등으로 다양하다. 이처럼 어느 개인이 배분해둔 자산의 모음을 포트폴리오라 한다. 원래 다양한 문서를 담은 서류 가방을 뜻했던 포트폴리오는 화가나 디자이너의 경력을 모아놓은 작품집이란 의미도 있다.

바람직한 자산 배분이 무엇인지에 대한 공통 규칙은 없다. 개인의 선호, 위험에 대한 태도, 자금 상황, 운영 목적, 재무 계획 기간 등에 따라 이상적인 포트폴리오 구성이 달라진다. 다만 어떤 경우든 포트폴리오를 구성하는 핵심 목적은 다양화diversification, 즉 분산투자에 있다. 달걀을 한 바구니에 담지 않는 것이다.

투자의 목적은 고수익이지만, 어느 투자 상품이든 위험이 따르므로 위험을 적절하게 관리할 필요가 있다.

투자에 따르는 손실 위험을 줄이는 지름길은 분산투자를 통해 성격이 다른 자산들로 다양하게 포트폴리오를 구성하는 방법이다. 일반적으로 포트폴리오에 담는 자산의 종류가 다양해질수록 투자 위험이 줄어든다.

물론 자산의 종류를 무수히 늘린다고 해서 투자의 위험이 완전히 제거되지는 않는다. 아무리 다양화해도 피할 수 없는 시장 위험(체계적 위험)이 따르기 때문이다. 이 위험은 경제 여건, 환율 변동, 금리 변동 등 거시경제에 의해 불가피하게 시장 전체를 덮친다.

포트폴리오를 구성하면서 자신의 나이를 고려하여 위험 자산의 비중을 '100-나이'로 제한하라는 조언도 있다. 나이가 많아질수록 위험한 자산의 비중을 줄이라는 뜻이다. 젊을 때는 주식처럼 상대적으로 위험한 자산을 포트폴리오에 많이 담아 고수익을 추구한다. 설령 투자에 실패해 손실이 발생하더라도 극복할 시간이 많이 남아 있다. 그러나 중년을 넘어 은퇴기가 가까워지면 위험한 자산의 비중을 줄이고 안전한 자산의 비중을 늘리라는 의미이다.

환차손/환차익

foreign exchange loss/foreign exchange gain

환율은 변동이 무척 심하고 다양한 변수의 영향을 받는다. 그러다 보니 미래의 환율을 예측하기란 불가능에 가깝다. 그래서 많은 개인과 기업이 환율 변동 때문에 때로는 손해를 보고 때로는 이익을 본다. 환율 변동으로 입은 손해를 환차손, 이익을 환차익이라고 한다.

예를 들어 어느 수출 기업이 1달러가 1천 원일 때 제품을 수출하고 대금으로 1억 달러를 받는다고 하자. 수출 대금이 통장에 들어오는 날 달러 환율이 9백 원이 되면 이 기업이 손에 쥔 돈은 1천억 원이 아니라 9백억 원으로 줄어든다. 환율 하락으로 1백억 원의 환차손을 본 것이다. 반면 환율이 오른다면 환차익을 얻을 수 있다.

환차손이나 환차익에 노출되는 경제 주체는 수출 기업뿐만이 아니다. 해외 주식에 투자하는 개미 투자자들도 환율 변동에 따른 손익에 노출된다. 개미들이 매수한 미국 주식의 주가가 상승하면 매매 차익을 얻는다. 이때 달러 환율까지 오르면 환전을 통해 원화를 더 많이 받을 수 있어 환차익이라는 덤까지 얻는다. 반대로 환율이 낮아지면 환차손을 본다. 환차손이 크면 주식 매매에서는 차익을 얻었음에도 전체 투자에서는 손해를 볼 수도 있다. 그러므로 외국 주식에 투자할 때는 투자 종목에 대한 고민도 필요하지만, 환율이 어느 방향으로 변할지도 따져야 한다.

기업들은 환차손을 볼 가능성, 즉 환 리스크를 줄이기 위해 헤징 기법을 쓴다. 쉽게 말해 현재 환율이 1천 원이라 가정하면, 미래에 환율이 어떻게 되든 현재 환율인 1천 원에 달러를 거래할 수 있는 권리를 사는 식이다.

연관 개념어) **파생 상품**

BIS 자기자본 비율

BIS capital adequacy ratio

은행에 돈을 예금한 예금주는 예금자 보호 제도의 보호를 받을 수 있다. 하지만 최선은 처음부터 부실에 대해 염려할 필요가 없는 우량한 은행을 선택하는 것이다. 은행이 재무적으로 얼마나 안전한지를 확인할 수 있는 대표 지표가 BIS 자기자본 비율, 줄여서 BIS 비율[BIS ratio]이다. 이 지표는 은행 재무구조가 얼마나 건전한지를 가늠한다. 건전하다는 말은 예금자가 맡긴 돈을 어려움 없이 돌려줄 수 있다는 뜻이다.

여기서 BIS는 국제결제은행[Bank for International Settlements]의 영어 약자이다. 각국 중앙은행 사이의 통화 결제와 예금, 그리고 관련 정책 분석과 연구 등이 주요 업무인 국제기구로, 스위스 바젤에 본부가 있다. 가장 오래된 국제금융 기구이며, 한국은행을 포함해 주요국 중앙은행이 회원으로 참여하고 있다.

BIS 자기자본 비율이라는 이름은 국제결제은행이

시중은행의 재정 건전성을 확보하기 위한 기준으로 제시한 비율이기 때문에 붙었다. 은행이 대출해준 돈 가운데 상환받지 못하는 대출이 문제이므로, 대출해준 돈을 위험도에 따라 가중치를 매겨 계산한 것을 위험 가중 자산이라고 한다. 위험 가중 자산이 많을수록 은행의 안전도가 떨어진다.

한편 고객의 예금을 제외하고 자체의 돈이 많은 은행은 안전하다고 볼 수 있다. 설령 대출을 상환받지 못하더라도 자체적으로 보유한 돈으로 예금주에게 돈을 돌려줄 수 있기 때문이다. 즉, 가지고 있는 돈인 자기자본이 많은 은행일수록 안전하다.

BIS 자기자본 비율은 자기자본을 위험 가중 자산으로 나눈 비율로 계산한다. 분자가 긍정 요소인 자기자본, 분모가 부정 요소인 위험 가중 자산이므로 이 비율 수치가 높을수록 은행이 안전하다고 평가할 수 있다. 국제결제은행은 자기자본 비율이 8%를 넘어야 한다고 요구한다. 우리나라 금융감독원은 이보다 높은 10% 이상을 유지하도록 권고하고 있다.

사람은 살면서 각종 스트레스를 받지만 잘 극복하면 건강하고 오래 살 수 있다. 은행 등 금융회사들도 영업 활동을 하면서 경기 침체, 부동산 가격 폭락, 기업 대출 부실 확대 등 다양한 스트레스를 받는다. 어떤 극단적 경제 상태가 발생할 때 금융회사에 어느 정도의 부실 자산이 발생하며 그에 대응하는 역량이 어느 정도인지를 살펴 금융회사와 금융 시스템의 안전성을 평가하는 것을 스트레스 테스트라고 한다.

$$BIS\ 자기자본\ 비율(\%) = \frac{자기자본}{위험\ 가중\ 자산} \times 100$$

연관 개념어 예금자 보호 제도

ELS

equity linked securities

우리말로 주가 연계 증권이라고 하는 ELS는 개별 주식의 주가 또는 주가지수를 기초 자산으로 하는 파생 상품 가운데 하나이다. 투자 만기와 만기까지의 수익률을 미리 정해놓고 그 조건을 충족하면 약속한 투자 손익이 정해지는 금융 투자 상품이다. 우리나라의 코스피 200, 홍콩의 HSCEI, 미국의 S&P 500 등의 주가지수와 연계한 상품이 주를 이룬다.

ELS는 우리나라에서 오랫동안 인기를 끌어 '국민 투자 상품'이라는 별명이 붙을 정도였다. 기초 자산 가격이 많이 오르더라도 정해진 수익만 받으며, 기초 자산 가격이 하락해도 일정 수준 아래로 크게 떨어지지 않으면 역시 정해진 수익을 받을 수 있어서 이른바 중위험 중수익 상품에 속한다. 정기예금이나 채권보다 수익률이 비교적 높아, 저금리에 만족하지 못한 투자자들이 많이 투자했다.

증권회사는 투자자들에게 ELS를 판매해 받은 돈 대부분을 채권이나 예금 같은 안전 자산에 투자하는 한편 나머지를 위험 자산에 투자해 수익을 확보한다. ELS는 원금 보장 상품이 아니며 원금을 지키도록 노력하는 상품일 뿐이다. 따라서 기초 자산 가격이 현재보다 크게 하락하면 원금에 손실이 발생한다.

(연관 개념어) **파생 상품**

ETF

exchange traded fund

주식 투자자들은 언제나 어떤 종목을 골라야 하는지를 두고 크게 고민한다. 주식시장이 좋아져 주가가 오를 거라는 확신이 서더라도 막상 매수할 종목을 고르는 일은 여전히 고민스럽다.

이때 고려할 수 있는 것이 인덱스 펀드index fund이다. 특정 인덱스, 즉 지수를 구성하는 종목들에 기계적으로 고루 투자하는 펀드이다. 그러므로 예컨대 코스피 200 지수가 1% 상승하면 이를 추종하는 인덱스 펀드도 1% 상승한다.

그런데 펀드는 매매 주문을 내더라도 실제 매매가 이뤄지기까지 며칠의 시차가 존재해서 다소 불편하다. 이 불편함까지 해소한 것이 ETF, 우리말로 상장 지수 펀드이다. 인덱스 펀드처럼 지수를 모방해 수익을 추구하되, 주식처럼 거래소에 상장되어 있어 실시간으로 매매할 수 있는 펀드이다. 펀드와 주식의 특징을 모두 담은 셈이다.

ETF의 최고 장점은 투자자가 개별 종목을 고를 필요가 없다는 것이다. 투자자가 선호하는 업종이나 시장 전체에 해당하는 ETF를 고르면 된다.

펀드이므로 여러 종목에 골고루 투자할 수 있어 소액으로 분산투자 효과를 누릴 수 있다는 것도 장점이다. 특정 종목이 아니라 시장이나 업종에 투자하므로 손실 위험이 줄어든다.

투자에 따르는 비용도 적게 든다. 기계적으로 지수를 모방하므로 ETF에 투자된 돈은 어느 종목에 얼마를 투자할지를 판단하는 펀드 매니저의 노력이 필요하지 않다. 그래서 일반 펀드보다 운용 보수가 저렴하다. ETF는 일반 주식을 매도할 때 부과되는 증권거래세도 내지 않는다.

ETF는 가격을 실시간으로 확인할 수 있고 언제든지 매매할 수 있어 환금성도 뛰어나다. 일반 펀드의 투자자는 상당한 기간이 지나야 보고서 형태로 운용 결과를 통보받는데, ETF는 어떤 종목에 얼마나 투자되고 있는지가 매일 공시되므로 투명한 운영이 가능하다.

코스피 200, 코스닥 150처럼 시장을 추종하는 것부터 업종별, 테마별, 기업의 재무 유형별 지수에 이르기까지 다양한 ETF가 거래소에 상장되어 있다. 국내뿐 아니라 미국, 유로 등 해외 지수를 추종하는 ETF도 많다.

물론 수익률이 개별 종목에 투자하는 것보다는 높지 않다는 한계가 있다. 그리고 ETF가 담고 있는 일부 종목이 마음에 들지 않아도 함께 보유해야 한다는 불편함도 감수해야 한다.

ETF 역시 투자 상품이므로 원금이 보장되지는 않는다. 지수를 추종하더라도 시장이나 업종 자체가 나쁘면 손실을 피할 수 없다.

ISA

individual savings account

ISA는 저금리·고령화 시대에 국민의 재산 증식을 돕겠다며 정부가 2016년에 도입한 금융 상품이다. 개인 종합 자산 관리 계좌라는 우리말이 무척 길어 보통은 영어로 표현한다.

개인이 예금하려면 예금 계좌를, 적금을 부으려면 적금 계좌를, 주식 투자를 하려면 증권 계좌를 별도로 개설해야 하지만, ISA는 하나의 계좌로 예금, 펀드, ELS 등 다양한 금융 상품에 종합적으로 투자할 수 있어 편리하다. 그래서 통합 계좌라는 별명이 붙었다.

편리함도 있지만 ISA가 내세우는 최대 장점은 절세에 있다. 일반적으로 금융 상품에서 발생하는 이자나 배당금에는 15.4%의 소득세가 부과된다. 1만 원의 이자에 대해 1,540원을 세금으로 내야 한다는 뜻이다. 그렇지만 ISA에서 발생하는 이자나 배당금은 2백만 원까지 세금을 내지 않아도 된다. 만약 이자를 2백만 원 넘게 벌었다면 초과분에 9.9%의 낮은 세율이 적용된다.

자격이 되어 총급여 5천만 원 이하 근로자나 소득 3천8백만 원 이하 사업자를 위한 서민형이나, 소득 3천8백만 원 이하 농어민을 위한 농어민형 ISA에 가입했다면 비과세 규모가 2백만 원이 아니라 4백만 원으로 확대된다. 연간 최대 2천만 원까지, 누적으로 최대 1억 원까지 납입할 수 있으며, 한 사람이 전체 금융회사를 통틀어 1개의 계좌만 만들 수 있다.

이러한 절세 혜택을 누리려면 최소 3년 동안 의무적으로 가입해야 한다. 의무 기간이 지나기 전에 돈이 필요해 계좌를 해지하면 비과세 혜택을 보지 못한다. 본인이 납입한 원금 안에서는 자유롭게 중도에 인출할 수 있다.

(연관 개념어) ELS

PER/PBR

price-to-earnings ratio/price-to-book ratio

주식 투자에서 성공하는 비법은 주가가 싸거나 앞으로 오를 주식을 고르는 데 있다. 이 같은 판단의 기준이 되는 몇 가지 지표 가운데 하나가 PER, 우리말로는 주가 수익 비율이다. 일부에서는 퍼라고 부르기도 한다.

PER은 특정 종목의 주가를 주당순이익으로 나눈 값이다. 시가총액을 당기순이익으로 나눈 값과도 같다. 예를 들면 당기순이익이 1백만 원인 회사의 주가가 1만 원이고 회사가 발행한 주식 수가 1백 주라면 주당순이익은 1만 원이며 PER은 1이다. 쉽게 말하면 PER은 현재 주가가 1주당 번 순이익의 몇 배인지를 나타내는 지표로, 회사의 실적과 대비할 때 주가가 어느 수준인지를 가늠할 수 있다.

PER이 낮다면 회사의 수익에 비해 주가가 낮다는 신호이다. 회사 가치에 비해 주가가 저평가되어 있다는 뜻으로 해석할 수 있다. 지금은 저평가되어 있으므로 향후 회사 가치에 맞게 주가가 제대로 평가받을 가능성이 크다고 기대할 수 있다. 이러한 주식을 저PER주라고 부른다.

반대로 회사의 수익에 비해 주가가 높게 거래되는 주식을 고PER주라고 한다. 수익에 비해 주가가 고평가되어 있다는 뜻으로 해석한다.

PER만 보고 투자 종목을 고르면 위험이 따른다. 당기순이익은 과거의 실적이므로 앞으로도 그러한 실적을 유지한다는 보장이 없기 때문이다. 사업 전망이 좋지 않아서 저평가되고 있는 종목일 가능성도 있다.

다른 지표로 PBR, 즉 주가 순자산비율이 있다. 주가를 주당순자산으로 나눈 값이다. 시가총액을 회사의 순자산으로 나눈 값과도 같다. 현재 주가가 1주당 보유한 순자산의 몇 배인지를 나타내는 비율이다. 순자산은 회사의 총자산에서 부채를 뺀 것이다.

PBR이 1보다 작다면 회사를 처분해서 보유했던 자본을 주주들에게 나눠줘도 회사에 자산이 남는다는 뜻이다. 그러므로 PBR이 1보다 작으면 저평가된 기업, 1보다 크면 고평가된 기업으로 볼 수 있다.

저PBR주를 골라 투자하더라도 주의할 점이 있다.

경영진이 회사 자본을 제대로 운용하지 못해 PBR이 낮아졌을 수도 있기 때문이다. 반면 고PBR주는 앞으로 성장성이 높은 기업이기 때문에 현재 인기가 좋다는 신호로 해석할 수도 있다.

어느 지표이든 맹신과 성급한 판단은 금물이다. 그 배경을 면밀하게 따져 투자 의사를 결정해야 한다.

$$PER = \frac{주가}{주당순이익} = \frac{시가총액}{당기순이익}$$

$$PBR = \frac{주가}{주당순자산} = \frac{시가총액}{순자산}$$

P2P 대출

peer-to-peer lending

거래는 일반적으로 개인^(소비자)과 기업^(생산자) 사이에 이루어진다. 예컨대 소비자는 기업이 생산한 재화와 서비스를 구매한다. 개인은 예금하거나 대출받기 위해 금융회사와 거래한다.

한편 개인과 개인이 만나 재화나 서비스를 거래하거나, 기업의 개입 없이 개인들이 함께 재화나 서비스를 생산하는 경우를 P2P 경제라고 한다. 원래 P2P는 인터넷에 연결된 다수의 개별 사용자가 중앙 서버를 거치지 않고 통신하며 직접 데이터를 주고받는 것을 가리키는 용어이다. 이 개념을 적용해 개인과 개인이 직접 거래하는 분권화 모형을 P2P 경제라고 부른다.

특히 개인이 은행의 개입 없이 다른 개인과 대출 거래하는 것을 P2P 대출 또는 P2P 금융이라 한다. 은행을 거쳐야만 가능했던 기존 대출 방식에서 벗어나 자금 수요자와 공급자가 온라인 플랫폼을 통해 자금을 직접 주

239

고받는다.

그렇다고 해서 채권자와 채무자가 무턱대고 자금을 주고받지는 않는다. 만약 그랬다가는 사기 등으로 피해 보는 사람들이 속출할 우려가 있다. 그래서 돈을 빌리는 사람이 갚을 능력이 되는지를 검증하는 온투업^(P2P 금융) 사업자가 중간에 개입한다. 온투업은 온라인 투자 연계 금융업의 줄임말이다.

돈을 빌리려는 차입자가 본인의 정보를 온투업 사업자가 운영하는 P2P 플랫폼에 공개하면 투자자들이 각자 차입자의 담보 능력, 사업 전망 등을 평가해 대출 여부를 결정한다. 대출 자금이 목표액만큼 모이면 대출이 실행되고 차입자에게 돈이 전달된다. 후에 온투업 사업자가 차입자로부터 대출금을 회수하고 투자자에게 원리금을 지급한다.

온투업 사업자는 기존 금융과 달리 점포가 없으므로 관리 비용이 적게 든다. 핀테크 기술을 활용하므로 각종 비용도 줄일 수 있다. 그래서 차입자는 저축은행 등 제2금융권보다 낮은 중금리로 돈을 빌릴 수 있다. 이에 따라 일부에서는 P2P 금융을 제1.5금융권이라고 부른다.

돈이 있는 투자자는 P2P 대출을 통해 예·적금보다

높은 수익률을 기대할 수 있다. 물론 투자자의 수익 원금과 수익은 보장되지 않으며, 손실 위험은 본인이 감수해야 한다. 온투업 사업자는 차입자의 신용 등급을 확인하고 자금 연결을 중계해주는 서비스에 대한 수수료로 돈을 번다.

4장

시사와
이슈

경제 세상은 빠르게 변한다. 자고 일어나면 새로운 경제 현상이 발생한다 해도 과언이 아니다. 지금껏 듣지 못한 경제 용어가 속속 뉴스에 등장한다. 교과서에 나온 경제 개념어들을 이해하는 것만으로는 우리가 살아가는 경제 세상을 모두 이해하지 못한다.

이 장에서는 경제 초보자도 알아두면 유용한 시사 경제 용어들을 소개한다. 주로 경제 뉴스에 등장하는 이 개념어들은 우리 일상생활과도 밀접하다. 그러다 보니 주변 사람들과 차를 마시거나 식사할 때 단골 이야기 소재가 되기도 한다.

많은 사람이 주목하는 따끈한 경제 이슈들도 이 장에서 간단히 정리한다. 이 이슈들을 이해하면 현실의 경제 세상에 대한 자신감이 충만해질 뿐 아니라 경제 변화를 진단하고 흐름을 예측하는 능력도 지닐 수 있다. 경제 상식 수준이 몇 단계 높아지며 다른 사람과 대화하는 폭과 깊이도 확대된다.

그렇지만 사람들의 입에 오르내리는 시사 용어와 이슈를 모두 담기에는 분량의 한계가 있다. 또한 이 책의 잉크가 마르기도 전에 생소한 경제 용어와 경제 이슈가 새로이 생겨날 것이다.

그러므로 이 책에 만족하지 말고 계속해서 경제 뉴스에 관심을 두기를 권장한다. 현실 경제 현장의 다양한 이슈를 다루는 경제 뉴스야말로 경제 초보자의 지식을 배양하며 끝없이 진화하는 최고의 경제 학습 교재이다.

간접세/직접세

indirect tax/direct tax

세금의 종류는 무척 다양하다. 가령 세금을 걷는 주체가 누구인지에 따라 국세와 지방세로 구분한다. 과세되는 물건의 위치에 따라 내국세와 관세, 사용 목적에 따라 보통세와 목적세로 구분할 수도 있다. 이 외에 납세 의무자^(납세자)와 조세 부담자^(담세자)가 일치하는지에 따라 직접세와 간접세로도 구분한다.

간접세는 세금을 납부할 의무가 있는 납세 의무자와 세금을 실제로 부담하는 조세 부담자가 다른 세금이다. 예를 들어 부가가치세의 납세 의무자는 상품을 판 사업자이지만, 부가가치세가 상품 가격에 포함되므로 실질적인 조세 부담자는 소비자이다. 우리나라에서는 부가가치세, 개별소비세, 주세, 인지세, 증권거래세 등이 간접세에 해당한다.

간접세는 상품을 거래할 때 자동으로 부과되므로 조세 저항이 적다. 또한 구매자의 소득이나 재산과 관계없

245

이 같은 금액이 징수되므로 징수를 위해 정부가 개인의 소득이나 재산을 일일이 조사하는 비용이 들지 않는다. 상품을 판매한 사업자가 일괄해서 납부하므로 정부의 세금 징수 비용도 많이 들지 않는다.

반면 간접세의 가장 큰 문제점은 소득(재산)이 많은 사람이나 적은 사람이나 같은 금액을 낸다는 점이다. 소득 대비 세금 부담을 따지면 고소득층보다 저소득층이 더 크다. 그래서 전체 세금 가운데 간접세가 차지하는 비중이 커질수록 세금의 소득재분배 기능이 약해진다.

직접세는 납세 의무자와 조세 부담자가 일치하는 세금이다. 예를 들어 소득세는 개인이 자신의 소득에 대해 일정 비율을 납부하므로, 세금을 부담하는 조세 부담자가 납세 의무자가 된다. 소득세 외에 법인세, 재산세, 상속세, 증여세, 종합 부동산세, 주민세가 직접세이다.

직접세는 징수를 위해서 과세 대상이 되는 소득이나 재산을 정부가 일일이 파악해야 하는 어려움이 있으며, 징수에 대한 사람들의 저항과 회피 성향이 강하다. 따라서 세금을 징수하는 비용이 많이 든다. 그러나 세금의 중요한 기능 가운데 하나인 소득재분배를 이루는 데 간접세보다 효과적이다. 소득재분배 강화 차원에서 직접세는 일반적으로 누진세율을 적용한다. 각 국가의 세수 가운데 직접세와 간접세가 차지하는 비율이 다르지만 선진국은 대체로 직접세 비율이 높다.

연관 개념어 **누진세**

경기종합지수

composite index of business indicators

경제활동은 '회복→호황→후퇴→불황'의 경기변동을 반복한다. 경기종합지수는 현재 경기의 상태를 파악하기 위해 작성 및 활용하는 지표다. 용어가 암시하듯이 경기를 잘 반영하는 여러 지표를 하나로 종합한 지표라는 뜻이다. 하나만으로 섣불리 경기를 진단하면 대표성 문제가 생기므로, 이용할 수 있는 여러 지표를 복합적으로 고려하는 지표이다.

우리나라 통계청이 작성하는 경기종합지수는 크게 동행종합지수, 선행종합지수, 후행종합지수 3가지다. 동행, 선행, 후행 등의 이름을 통해 각 지수의 성격과 활용도를 짐작할 수 있다.

동행종합지수는 실제 경기변동과 시차 없이 같이 움직이는 여러 지표를 하나로 종합한 지수이다. 그래서 현재 경기가 어떤 상태인지를 판단하는 데 유용하다.

지표 가운데 일부는 실제 경기보다 먼저 움직인다.

이를 경기에 선행한다고 말한다. 주가가 대표적인 선행 지표이다. 경기에 선행하는 지표들을 종합해 향후 경기가 어떤 방향으로 변동할지를 예측하기 위해 작성하는 지표가 선행종합지수이다. 가령 선행종합지수가 바닥을 지나 반등하기 시작하면 약 반년 후 실제 경기가 저점을 지나 회복하는 모습을 보인다.

후행종합지수는 실제 경기변동보다 늦게 움직이는 몇 가지 지표를 종합한 것이다. 시간이 지난 후 경기 상태를 재차 확인하는 용도로 적합하다.

물론 경기종합지수로도 경기를 완전하게 진단, 예측할 수는 없어서 추가로 다양한 지표를 활용한다. BSI^{business survey index}, 우리말로 기업 경기 실사 지수는 사업을 하는 기업가들이 경기를 제일 잘 체감할 것이라는 논리에 바탕을 두고, 이들에게 기업 경기 동향과 전망을 설문해 작성하는 지표이다. BSI가 100보다 크면 경기가 지난달에 비해 나아졌다는 신호, 100보다 작으면 경기가 지난달에 비해 나빠졌다는 신호로 받아들인다. BSI가 100이면 변화가 없다는 신호이다.

(연관 개념어) **경기변동, 국내총생산**

국가신용 등급
country's credit rating

개인뿐 아니라 기업이나 국가도 돈을 빌린다. 개인의 신용 점수가 대출금리에 큰 영향을 미치는 것처럼 기업이나 국가가 돈을 빌리기 위해 발행하는 채권의 금리도 신용도가 좌우한다. 다만 개인과 달리 기업이나 국가의 신용도는 점수가 아니라 등급으로 부여된다.

국가신용 등급이 일정 수준 이상이 되면 경제가 견실하게 성장하며 정치적으로도 안정되어 있어 투자해도 좋은 나라임을 세계적으로 인정받는 셈이다. 외국 투자자들의 시선이 호의적으로 바뀌고, 해당 국가의 주식과 채권에 대한 투자가 늘어난다. 국제시장에서 돈을 빌릴 때 낮은 가산 금리가 적용돼 이자 부담이 줄어든다.

이처럼 중요한 역할을 하는 국가신용 등급을 평가하는 곳은 흥미롭게도 민간 회사들이다. 무디스Moody's, 스탠더드 앤드 푸어스Standard & Poor's, 피치Fitch 등 대형 신용 평가사는 각국의 경제성장률, 외채 규모 같은 경제적 요소뿐 아니라 정치체제의 안전성, 안보 위험 등 정치적 요소까지 종합적으로 평가해 국가신용 등급을 부여한다.

신용 평가사마다 등급을 구분하는 방법은 조금 다르나 일반적으로 A, B, C 같은 문자를 이용한다. 예를 들어 스탠더드 앤드 푸어스는 신용 등급이 높은 것부터 낮은 것까지 AAA, AA+, AA, AA-, A+, A, A-, BBB+, BBB, BBB-, BB+, BB, BB-, B+, B, B-, CCC+, CCC, CCC-, CC, C, D 순서로 부여한다. 이 가운데 BBB-보다 신용 등급이 낮은 국가가 발행한 채권은 투자 부적격으로 간주한다. 2024년을 기준으로 스탠더드 앤드 푸어스가 평가한 우리나라의 신용 등급은 AA로 위에서 세 번째 등급에 속한다.

(연관 개념어) **신용 점수, 가산 금리**

국가 채무

national debt

국가도 씀씀이가 많아지면 부득이하게 돈을 빌린다. 꼭 필요한 정부 사업을 빚이 무서워서 중지할 수는 없기 때문이다. 이처럼 국가(정부)가 빌려 발생하는 빚을 국가 채무라 한다. 나랏빚이라 부르기도 한다. 국가 채무에 언젠가 정부가 지급해야 하는 확정되지 않은 각종 부채까지 모두 더한 개념이 국가 부채liability이다.

어느 범위까지를 국가 채무 또는 국가 부채로 봐야 하는지에 관해서는 의견이 분분하다. 우리나라 국가재정법은 국가의 회계나 기금이 부담하는 금전 채무를 국가 채무(영어로 D1으로 표시)로 규정하는데, 이에 따르면 지방정부나 공기업이 진 빚은 국가 채무가 아니다.

국가 채무에 지방정부의 순 채무를 추가한 개념이 일반 정부 부채D2이다. 한 걸음 더 나아가 공기업의 빚도 결국은 정부가 갚아야 할 의무를 진다는 점에서 더 확장된 공공 부문 부채D3 개념도 있다. 국민연금, 공무원 연금,

건강보험 적자에서 발생하는 부분까지 추가하면 국가가 상환해야 할 부채 규모는 더욱 커진다.

어느 개념을 인용하든 우리나라 정부의 상환 부담은 급속히 증가하는 추세이다. 코로나19로 위기를 맞은 경제를 살리기 위해 정부가 공격적인 확장 정책을 지속하면서 국가 채무 규모가 커진 탓이다. 어느 정도가 적정한가에 관해서는 딱 잘라 말할 수 없으나, 국가 채무가 과도해지면 대외 신용도가 떨어져 돈을 빌리기 힘들어지거나, 빌리더라도 높은 금리를 부담해야 한다. 채무가 누적돼 일정 수준을 넘어서면 이자로 인해 채무가 늘어나는 자기 증식 상태에 빠질 우려도 있다.

국가 채무는 누군가는 갚아야 한다. 현재 세대가 해결하지 않으면 빚 부담이 다음 세대로 전가된다. 이른바 폭탄 돌리기이다. 저출산으로 인구 감소까지 우려되는 우리나라의 미래 세대가 이를 감당할 수 있을지 의문이 든다.

국가 채무를 억제하기 위해 다른 OECD 국가들처럼 우리도 재정 준칙fiscal rule을 도입해야 한다는 주장도 제기되고 있다. 재정 수지에 대한 목표 수치를 구체적으로 설정하도록 아예 법으로 정해 정부가 임의로 선심성 재정 정책을 펴지 못하게 제도화하는 것이다.

	국가 채무 D1	일반 정부 부채 D2	공공 부문 부채 D3
중앙정부	O	O	O
지방정부	X	O	O
비금융 공기업	X	X	O

연관 개념어) 채권, 확장 정책

근원 물가지수

core consumer price index

소비자물가지수 산정에 포함되는 수백 개 품목 가운데는 유독 가격 변동이 심한 것들이 있다. 이를테면 농산물이 그렇다. 농산물 가격은 태풍, 가뭄, 폭염 등의 영향으로 심하면 2배씩 폭등하다가 풍작이 들면 폭락한다. 이러한 변동은 재정 정책이나 통화 정책으로 통제하기 힘들다. 석유류도 비슷해서 정부 정책으로 국제 유가 시장에 영향력을 행사할 수는 없다.

그래서 인간이 개입할 수 없는 날씨의 영향을 크게 받는 농산물이나 전적으로 수입에 의존하는 석유류를 제외하고, 정부가 경제정책으로 영향을 미칠 수 있는 품목들만으로 작성한 물가지수가 근원 물가지수이다.

소비자에게 근원 물가지수는 피부로 잘 느껴지지 않는 것이 사실이다. 소비자에게 제일 중요하고 매일 접하는 먹을거리인 농산물이 빠져 있기 때문이다. 그럼에도 불구하고 근원 물가지수를 작성하는 이유는 한국은행이 통화 정책을 결정할 때 중요하게 고려하기 때문이다. 가령 소비자물가지수가 안정세로 접어들었으나 근원 물가 오름세가 지속하고 있다면 한국은행은 여전히 물가가 불안하다고 판단하고 기준 금리를 섣불리 내리지 않는다.

많은 사람이 일상생활에서 피부로 체감하는 물가와 소비자물가지수가 크게 다르다고 말한다. 여기에는 여러 원인이 있다. 사람들이 체감하는 품목은 소비자물가지수를 구성하는 품목 가운데 극히 일부에 불과하다는 점, 사람들은 가장 비싼 가격을 기준으로 체감하는 경향이 있다는 점, 가격 상승이 머릿속에 깊고 오래 각인돼 심리적으로 체감 물가를 높게 인지하는 편향이 있다는 점 등이 그것이다.

통계청은 체감 물가에 비교적 가까운 생활 물가지수와 신선 식품 지수를 별도로 작성하고 있다. 생활 물가지수는 일상생활을 영위하는 데 필수적이어서 소비자들이 자주 구매하고 지출 비중이 커서 가격 변동을 민감하게 느끼는 품목 140개 정도를 선정해 작성하는 물가지수이다. 여기에는 두부, 라면, 돼지고기, 쌀, 닭고기 등이 포함된다.

신선 식품 지수는 신선 어류, 조개류, 채소, 과실 등

기상 조건이나 계절에 따라 가격이 크게 변동하는 50개 정도의 품목들로만 작성한 지수이다. 신선 식품 지수는 소비자물가지수보다 변동 폭이 크고 변동 방향도 다른 경향이 있다.

연관 개념어) 소비자물가지수, 통화 정책

금융통화위원회

Monetary Policy Board

금융통화위원회는 한국은행에서 통화 정책에 관한 주요 사항을 심의, 의결하는 정책 결정 기구의 이름이다. 흔히 줄여서 금통위라고 부른다.

금융통화위원회를 구성하는 위원은 7명이며, 한국은행 총재가 의장을 맡는다. 한국은행 부총재는 당연직으로 참석하며, 나머지 5명의 위원은 기획재정부 장관, 한국은행 총재, 금융위원회 위원장, 대한상공회의소 회장, 전국은행연합회 회장이 각 1명씩 추천하는 인물이다. 한국은행이 정부의 압력에서 벗어나 독립적으로 의사 결정을 할 수 있도록, 위원은 심신장애나 직무상 의무를 위반한 경우가 아니면 본인의 의사에 반해 해임되지 않는다.

금통위는 원칙적으로 매월 둘째 주와 넷째 주 목요일에 정기 회의를 개최한다. 즉, 1년에 24회 회의를 연다. 이 가운데 사람들이 주목하는 기준 금리를 결정하는 회의는 8회뿐이다. 한국은행은 기준 금리 결정 회의일을 포함한 1년의 정기 회의일을 미리 공지한다.

주어진 경기 여건과 물가 상황을 놓고 기준 금리 인상에 대한 금통위 위원들의 의견이 자주 엇갈린다. 상대적으로 기준 금리 인상을 선호하는 위원을 부르는 별명이 매파이다. 먹잇감이 나타나면 빠르게 사냥하는 매처럼, 인플레이션이라는 먹잇감을 철저하게 잡기 위해 기준 금리 인상이라는 칼을 휘두른다는 비유이다. 매파에 속하는 위원은 물가를 잡는 과정에서 경제가 조금 삐걱거려도 괜찮다고 생각한다.

매파의 반대편에 비둘기파가 있다. 평화를 상징하는 비둘기에 빗대어 경제의 이런저런 면을 두루 살피며 경제정책을 펴야 한다고 주장하는 위원의 별명이다. 이들은 인플레이션에만 주목하지 말고 경제성장률, 실업률, 경기 등까지 종합적으로 고려해 기준 금리를 결정하는 게 바람직하다고 생각한다.

금통위 위원 7명의 성향을 파악하면 기준 금리의 향방을 가늠하는 데 도움이 된다.

연관 개념어 **통화 정책, 기준 금리**

기준 금리

base rate

기준 금리란 한 국가의 중앙은행이 결정하는 정책 금리이다.

기준 금리가 중요한 이유는 모든 경제 부문과 국민의 일상 경제생활에 상당한 파급효과를 미치기 때문이다.

기준 금리의 영향을 제일 먼저 받는 곳은 시중은행을 포함한 금융회사들이다. 시중은행은 자금을 운용하는 과정에서 돈이 필요해지면 한국은행을 찾는다. 그래서 한국은행을 '은행의 은행'이라고 한다. 그러나 공짜가 아니다. 시중은행도 이자를 내고 한국은행에서 돈을 빌린다. 이때 한국은행이 적용하는 것이 기준 금리이다. 다시 말하면 기준 금리는 한국은행이 금융회사들과 돈을 거래할 때 적용하는 금리이다.

한국은행의 금융통화위원회가 기준 금리를 올리는 통화 정책을 채택했다고 가정해보자. 자금을 조달하면서 이자를 더 많이 부담하게 된 시중은행은 돈을 빌리려는 기업이나 소비자에게 이를 전가해 대출금리를 올린다. 그러면 기업과 소비자는 대출을 덜 받으려 하므로 투자와 소비가 위축된다. 대신 사람들은 오른 예금 금리에 부응해 예금을 늘린다. 이미 대출받은 차입자들은 이자 부담이 커지므로 소비를 억제한다.

기준 금리 변동은 주식, 채권, 부동산 등 자산 시장에까지 영향을 미친다. 기준 금리가 오르면 예금의 수익성이 상대적으로 좋아지고 주식 투자의 매력이 떨어진다. 부동산 구매에 필요한 자금을 대출받는 비용이 많아지므로 부동산 수요가 줄어들고 부동산 경기가 꺾인다.

환율도 기준 금리의 영향의 테두리 안에 있다. 기준 금리가 오르면 외국 돈에 비해 우리나라 돈의 가치가 오르므로 환율이 하락한다. 환율 하락은 수출과 수입에도 영향을 미친다. 이처럼 기준 금리는 경제의 모든 부문과 모든 국민에게 영향을 미친다.

연관 개념어 금융통화위원회, 시중은행, 통화 정책

누진세

progressive tax

세금은 세율을 적용하는 방식에 따라 비례세, 누진세, 역진세 3종류로 나뉜다. 과세 대상이 되는 금액인 과세표준이 얼마인지 따지지 않고 일정한 세율을 적용하는 세금이 비례세[단일세]이다. 가령 소득이 1백만 원이든 1억 원이든 동일하게 10%의 세율을 적용한다. 비례세라 하더라도 고소득자가 내는 세금은 저소득자가 내는 세금보다 많다.

누진세는 과세표준이 커질수록 세율이 높아지는 세금이다. 가령 과세표준 소득이 1백만 원인 사람은 10%의 세금을, 소득이 1억 원인 사람은 30%의 세금을 낸다. 이때 저소득자의 세금은 10만 원, 고소득자의 세금은 3천만 원으로, 고소득자의 세금 부담이 비례세보다 훨씬 커진다. 누진성이 강할수록 고소득자가 부담하는 세금이 폭발적으로 늘어난다.

누진적인 소득세를 납부한 후의 처분 가능 소득(가처분소

262

득)을 비교하면 저소득자는 90만 원, 고소득자는 7천만 원으로 격차가 상당히 좁혀진다. 이처럼 누진세는 소득재분배 효과가 있으며, 소득 불평등을 줄이는 데 도움이 된다. 정부의 세수가 비례세보다 많아진다는 점도 정부로서는 긍정적이다. 다만 누진 구조가 지나치게 심하면 경제활동을 열심히 해서 돈을 더 벌고 재산을 축적하려는 동기가 위축될 수 있다는 우려도 있다. 부자나 고소득층에 대한 불공정한 처벌이라는 시각도 있다.

우리나라는 소득세, 재산세, 상속세, 증여세 같은 직접세에 누진세율을 적용하고 있다. 더 정확하게 말하면 초과 누진세라고 한다. 이 방식은 과세표준 구간을 정해놓고 해당 구간을 초과하는 금액에만 높아진 세율을 적용한다. 예를 들어 1천4백만 원의 개인 소득까지는 세율 6%를 적용하고, 1천4백만 원을 초과하는 소득 금액에만 세율 15%를 적용한다.

누진세에 대조되는 개념은 역진세이다. 과세표준이 커질수록 세율이 낮아지는 세금으로, 실제 사례를 찾아보기는 힘들다.

연관 개념어 과세표준, 간접세

디플레이션

deflation

디플레이션(디플레)은 인플레이션의 정반대 현상이다. 재화와 서비스의 가격이 전반적으로 지속해서 내려간다. 물가가 하락하므로 인플레이션 수치가 음(마이너스)의 값이다. 디플레이션에 대한 정의에서 두 단어에 유념할 필요가 있다.

첫째는 '전반적으로'이다. 1, 2개가 아니라 많은 재화와 서비스의 가격이 내려갈 때 디플레이션이라고 한다.

둘째는 '지속해서'이다. 농산물이 풍작이어서 물가가 일시적으로 하락했다고 해서 디플레이션이라고 하지는 않는다.

디플레이션 세상에서는 사람들이 보유한 화폐의 구매력이 높아지므로 같은 소득으로 더 많은 상품을 구매할 수 있다. 그렇다고 해서 디플레이션을 반겨서는 안 된다. 디플레이션 시기에는 '기업의 실적 악화→생산과 고용 축소→실업자 증가→소득 감소→소비와 투자 감소→물가 하락'의 디플레이션 악순환deflationary spiral이 이어지기 때문이다. 소득 자체가 줄어서 구매할 수 있는 상품이 오히려 줄어들고 경제가 마이너스 성장으로 뒷걸음질한다. 절약의 역설 현상이 나타나고, 부동산 가격이 하락한다.

희박하긴 하지만 기술 혁신 덕분에 기업들의 생산비가 감소하고 경제의 총공급이 총수요를 앞질러 디플레이션이 발생하는 상황이라면 이야기가 달라진다. 이때는 소득이 감소하지 않으면서도 물가가 하락한다.

디플레이션과 혼동하기 쉬운 개념으로 디스인플레이션disinflation이 있다. 반대나 부정을 의미하는 영어 접두사 디스dis가 인플레이션 앞에 붙었으니 인플레이션의 반대말이라고 해석해 물가가 지속해서 내려간다는 뜻이라고 오해하면 안 된다. 디스인플레이션은 물가는 여전히 상승하되, 상승률은 낮아지는 현상을 말한다. 즉, 물가 상승률이 7%, 5%, 4%식으로 점점 떨어지면서 인플레이션이 유지되는 상황이다.

(연관 개념어) 인플레이션, 절약의 역설

리쇼어링/오프쇼어링

reshoring/offshoring

2000년대에 많은 미국 제조 업체가 생산 활동이나 서비스 업무 등을 인건비가 저렴한 중국이나 인도로 이전했다. 우리나라에서도 국내 근로자의 인건비가 비싸지면서 중국이나 베트남 지역으로 생산 시설을 옮긴 업체가 우후죽순처럼 생겨났다. 이처럼 기업이 일부 활동을 해외로 이전하는 것을 오프쇼어링이라고 한다. 우리말로 표현하면 국외 이전이다.

경영 활동의 일부를 국내의 다른 기업에 위탁하는 아웃소싱의 범위가 해외로 확대된 것으로 볼 수 있다. 자본이나 생산 기능이 해외로 빠져나간 국내에서는 일자리가 사라지며 경제 발전이 저해되는 문제가 생긴다.

오프쇼어링의 반대 현상인 리쇼어링은 오프쇼어링 이후에 생겨난 용어다. 해외에 진출한 기업들이 자국으로 돌아오는 현상을 말한다. 우리말로는 국내 복귀라 한다. 제조업 부활을 강조한 버락 오바마가 미국 대통령에

취임하면서 최소한의 제조업은 미국 내에 있어야 한다는 리쇼어링 정책을 강력하게 펼쳤다. 미국으로 공장을 옮기는 기업에 세제 혜택, 현금 지원, 저금리 대출 등 각종 인센티브를 약속하며 외국에 있는 미국 기업을 복귀시키는 정책이었다.

기업들이 진출한 해외 국가의 인건비가 가파르게 상승하면서 오프쇼어링의 비용 절감 효과가 미미해진 점도 리쇼어링을 촉진하는 요인이 되었다. 더 나아가 해외로 진출한 후 기술 유출, 품질 저하 등 보이지 않는 비용이 발생하여 정부의 인센티브가 아니더라도 자발적으로 리쇼어링을 선택하는 기업이 생겨났다.

멀리 떨어진 국가로 사업 일부를 이전하는 오프쇼어링 대신 가까운 국가로 일부 사업을 이전하는 니어쇼어링 nearshoring도 있다. 오프쇼어링보다 인건비가 다소 높더라도 문화가 비슷하거나 공급망을 확보하기 유리한 인근 국가로 이전하는 쪽이 더 효율적이라는 판단에서다.

흥미로운 일도 있었다. 1990년대까지 일본 IT 업계는 최고의 기술을 보유하고 있었다. 기술력에 자신감이 있었던 일본 기업들은 국제 표준 기술을 기반으로 제품을 만드는 대신 자국 시장에 특화한 기술에 바탕한 제품을 개발하기로 결정했다. 세계 시장이 최고의 기술을 지 닌 일본을 따를 것이라는 자신감 때문이었다.

그러나 일본의 기대와 달리 세계 시장은 국제 표준 기술이 적용되지 않은 일본 IT 제품을 외면했다. 그러자 세계 시장에서 일본 제품이 인정받지 못하기 시작했으 며, 일본의 영향력이 급속히 감소했다. 이처럼 국내 시장 만을 염두에 두고 제품을 만든 결과 국제 경쟁력을 잃어 버리는 현상을 갈라파고스 증후군Galapagos syndrome이라고 한 다. 일본에는 갈라파고스 경제라는 별명이 붙었다. 육지 에서 멀리 떨어져 있어 사람의 발길이 미치지 않은 갈라 파고스제도를 빗댄 용어이다.

명목임금/실질임금

nominal wage/real wage

사용자가 근로를 제공한 근로자에게 대가로 지급하는 모든 명칭과 형태의 금품을 임금wage이라고 한다. 보수, 급료, 봉급, 수당, 상여금, 현물 급여 등이 모두 임금에 속한다.

임금 앞에는 명목 또는 실질이라는 개념이 붙기도 한다. 명목임금은 근로자가 회사와 작성한 근로 계약서에 명시된 금액이다. 구직 활동 과정에서 고용주가 제시하는 임금이기도 하다. 명목임금은 물가 상승으로 인한 구매력 변화를 반영하지 않으므로, 임금을 받는 사람의 생활 형편이 나아지는지를 말해주지는 못한다.

그래서 사용하는 개념이 실질임금이다. 임금의 실질적 가치, 즉 구매력을 측정하는 개념이다. 물가가 오르면 같은 양의 상품을 구매하기 위해 더 많은 돈을 내야 하므로, 생활수준을 판단하려면 더 정확한 정보를 반영하는 실질임금을 봐야 한다. 실질임금은 명목임금을 소비자물가지수로 나눈 값에 100을 곱해 산출한다.

예를 들어 기준 연도인 작년에 5백만 원이었던 임금이 올해 10% 올라 550만 원이 되었고 올해 물가가 10% 상승해 소비자물가지수가 100에서 110이 되었다면 올해의 실질임금은 5백만 원$^{(550만 원÷110×100)}$으로 작년과 같다. 만약 올해 물가가 5% 올라 소비자물가지수가 105가 되었다면 올해의 실질임금은 524만 원$^{(550만 원÷105×100)}$이 되어 경제 형편이 작년보다 나아진다.

임금뿐 아니라 전체 소득에도 같은 논리를 적용할 수 있다. 명목소득을 소비자물가지수로 나눈 값에 100을 곱하면 실질소득이 된다. 개인의 생활수준 변화를 파악하려면 실질소득을 따져야 한다.

$$실질임금 = \frac{명목임금}{소비자물가지수} \times 100$$

(연관 개념어) **소비자물가지수**

모라토리엄/디폴트

moratorium/default

모라토리엄은 국가가 당장 외채를 상환할 능력이 되지 않아 일시적으로 모든 채무에 대한 지급을 정지하는 것이다. 현재는 원리금을 갚을 능력이 없으나 시간 여유를 주면 차차 갚겠다는 뜻이다. 우리말로는 채무 지불 유예, 지급 연기 등으로 부른다.

빌린 돈을 갚기 어렵다는 점에서 모라토리엄과 상황이 비슷하되 좀 더 심한 상태가 디폴트이다. 국가가 외국에서 빌린 돈과 이자를 도저히 계약대로 지급할 수 없는 부도 상태를 말한다. 우리말로는 채무 불이행이라 한다.

디폴트를 선언하는 국가는 생각보다 자주 나타난다. 비교적 최근 발생한 유명 디폴트 사례는 2015년의 그리스이다. 선심성 재정지출로 금고가 바닥난 그리스가 IMF로부터 빌린 돈을 상환하지 못했다. 다행히 이웃 국가들의 도움으로 구제금융을 받아 위기를 모면했다. 2017년에는 베네수엘라도, 2020년에는 레바논도 디폴트를 선언했다. 재정 정책 실패로 국가 재정이 나빠진 스리랑카는 코로나19로 관광 수입마저 급감하자 2022년에 디폴트에 처했다.

모라토리엄이든 디폴트이든 해당 국가의 신용도가 크게 추락하는 것은 매한가지이다. 국제사회에서 자금을 새로이 빌리기가 사실상 불가능해진다. 외상 거래를 해주려는 국가가 없으니 국제 거래를 하려면 현금이 있어야 한다. 생필품 수입이 어려워지므로 국민이 심한 경제적 고통을 겪는다. 해당 국가가 발행한 국채를 사려는 투자자들이 없어 값이 폭락한다. 위기에서 벗어나기 위해 IMF에 손을 벌려 구제금융을 받는다면 대가로 IMF가 요구하는 여러 형태의 구조 조정을 수용해야 한다.

배출권 거래제

emission trading system

세계적으로 기후변화에 대한 위기감이 고조되면서 우리나라를 포함한 주요국들이 온실가스 감축에 대한 목표를 강화했다. 우리나라는 '2050년 탄소 중립'을 선언하고 온실가스 감축 목표를 달성하기 위한 다양한 정책을 채택했는데, 그 가운데 하나가 배출권 거래제이다. 온실가스를 감축할 의무가 있는 기업들끼리 배출권을 거래할 수 있도록 허용하는 제도이다.

예를 들어 정부가 A 기업과 B 기업에 각각 1백 톤의 온실가스 배출권을 할당해주었다고 가정해보자. A 기업이 새 감축 기술을 개발하거나 생산이 부진해 실제 온실가스 배출량이 70톤에 머물렀다면 할당량 가운데 30톤의 여분이 남는다.

반면 B 기업은 사업이 호조를 보여 생산량이 많은 탓에 120톤을 배출해야 하는 상황이 될 수 있다. 그러나 할당받은 배출권이 1백 톤이므로 B 기업은 중도에 생산을 멈춰야 한다. 생산 중단은 해당 기업은 물론이고 국가 경제에 좋은 소식이 아니다. 이때 B 기업이 초과해야 하는 배출량만큼을 여유분이 있는 A 기업으로부터 돈을 내고 살 수 있도록 허용하는 것이 배출권 거래제이다.

우리나라가 2015년에 시작한 배출권 거래제는 이처럼 배출권을 하나의 물건처럼 시장에서 자유롭게 거래할 수 있게 해서 해마다 거래가 활발해지고 있다. 경기가 좋은 시기에는 배출권을 사려는 기업이 많아지므로 가격이 오른다. 경기가 나쁘거나 온실가스를 줄이는 신기술이 발명되면 배출권을 팔려는 기업이 많아지므로 가격이 낮아진다.

온실가스 배출량을 초과하는 기업을 처벌하는 기존의 강압적 정책과 달리 배출권 거래제는 같은 목표를 달성하면서도 시장 기능을 활용하는 이른바 시장 지향적 규제이다.

(연관 개념어) **수요의 법칙**

베이비 스텝/빅 스텝

baby step/big step

중앙은행이 통화 정책으로 기준 금리를 올리거나 내릴 때는 한 번에 크게 조절하기보다 여러 번에 걸쳐 조금씩 조절하는 경향이 있다. 기준 금리가 경제에 미치는 파급효과가 크므로 경제 구성원들이 여건 변화에 적응할 시간을 주기 위해서이다.

그렇다고 해서 기준 금리를 너무 작은 폭으로 바꾸면 경제에 미치는 영향이 미미해 기대한 통화 정책 효과가 가시적으로 나타나지 않는다. 일반적으로 한 번에 변경하는 기준 금리의 폭은 0.25%p이다. 이 정도로 기준 금리를 변경하면 베이비 스텝이라고 표현한다. 아기 걸음마처럼 조심스럽게 기준 금리를 움직였다는 뜻이다.

그런데 인플레이션이 예상보다 심해서 물가를 하루속히 잡지 않으면 문제가 커질 것이라고 판단되면 중앙은행이 기준 금리를 한꺼번에 큰 폭으로 올리는 충격 요법을 쓰기도 한다. 경제가 그만큼 중병에 걸렸으니 강력한 처방이 필요하다는 뜻이다. 그래서 기준 금리를 평소 처방인 베이비 스텝의 2배인 0.5%p 변경하는 경우를 빅 스텝이라고 부른다. 큰 보폭으로 성큼 움직였다는 뜻이다.

2022년에는 인플레이션이 무척 심해서 빅 스텝으로도 만족스럽지 못한 사태가 발생했다. 그래서 미국 중앙은행은 베이비 스텝의 3배인 0.75%p를 단숨에 인상하는 극약 처방을 내렸다. 이러한 기준 금리 변경을 지칭하는 용어가 거인의 발걸음을 뜻하는 자이언트 스텝^{giant step}이다.

(연관 개념어) 기준 금리

보유세/거래세

holding tax/transaction tax

보유세란 재산을 보유하고 있는 사람이 보유 기간 동안 매년 납부하는 세금을 통칭한다. 우리나라의 경우 보유세가 부과되는 대상인 재산은 토지, 주택, 건축물, 선박, 항공기이다. 이들 재산을 보유한 사람이 납부하는 보유세가 재산세이다. 현금이나 금을 보유하면 재산세가 부과되지 않는다.

보유세(재산세)의 과세 기준일은 매년 6월 1일이다. 만약 6월 1일에 부동산 매매가 이뤄지면 매수인이 재산세를 부담해야 하며, 매도인에게는 재산세 고지서가 나오지 않는다. 6월 2일에 부동산 매매가 이뤄지면 6월 1일에 부동산을 보유했던 매도인이 재산세를 부담한다. 하루 차이로 재산세 부담이 갈리므로 꼼꼼하게 따져 거래일을 정해야 한다.

우리나라에는 부동산을 가지고 있는 사람이 부담하는 보유세로 재산세 외에 종합 부동산세(종부세)도 있다. 재산세는 개별 자산을 기준으로 과세하는 데 비해 종합 부동산세는 개인이 보유한 주택과 토지의 합계액을 기준으로 과세한다.

부동산과 관련한 세금 가운데 보유세와 대비되는 개념이 거래세이다. 부동산을 거래할 때 부과되는 거래세에는 취득세와 양도소득세가 있다.

취득세는 부동산을 산 사람이 내는 세금이고, 양도소득세는 부동산을 판 사람이 얻은 양도 차익에 부과되는 세금이다. 취득세와 양도소득세 모두 누진세율이 적용된다.

OECD 회원국들 가운데 우리나라는 거래세 부담이 크고 보유세 부담이 적은 편이다. 적은 보유세를 거래세로 메우는 구조이다. 어느 쪽이 바람직하다고 잘라 말할 수는 없다. 보유세를 늘리면 부동산 투기와 상관없이 부동산을 장기 보유하며 별다른 소득이 없고 나이 많은 1주택자들의 부담이 커진다. 취득세를 늘리면 거래가 위축돼 부동산 시장이 침체하고 관련 산업들이 힘들어진다.

연관 개념어   누진세

서브프라임

subprime

모기지|mortgage는 주택을 담보로 잡고 돈을 빌려주는 주택 담보대출 상품이다. 미국인들이 주택을 구입하면서 이용하는 대표적인 대출 상품이다.

모기지는 우리나라 사람들이 많이 이용하는 주택 담보대출과는 다르다. 우리나라 주택 담보대출에서 돈을 빌려준 은행은 대출 자금을 회수할 때까지 자금이 묶인다. 반면 모기지는 은행이 돈을 빌려주면서 저당 잡은 채권을 다른 금융회사에 팔아 대출금을 바로 회수하므로 자금이 묶이지 않는다.

세계경제를 위기로 내몬 2008년 글로벌 금융 위기 시기에 많은 사람의 입에 오르내린 경제 개념 가운데 서브프라임 모기지가 있다. 서브프라임은 미국의 주택 담보대출 등급 가운데 하나이다. 우리나라 은행이 신용 점수로 고객을 분류하고 대출금리를 차별화하듯이 미국도 신용 점수에 따라 대출 고객을 프라임prime, 알트에이Alt-A, 서브프라임 등으로 분류한다. 프라임은 신용 점수가 높은 고객에게 부여하는 등급이고, 알트에이는 신용 점수가 우량한 편이며 채무 불이행 가능성이 낮은 고객에게 부여하는 등급이다. 서브프라임은 신용 점수가 낮은 비우량 고객을 분류하는 등급이다. 프라임 고객보다 대출금리가 2~4%p 높다.

2000년대 초 경기 부양을 위해 미국이 시행한 저금리 정책의 영향으로 부동산 가격이 크게 오르자 은행과 대출 업자들이 무리하게 서브프라임 모기지를 확대했다. 서브프라임 모기지 대출금리보다 부동산 가격 상승률이 더 높으므로 설령 차입자가 대출을 상환하지 못하더라도 담보 주택을 처분하면 손실을 보지 않는다고 판단했기 때문이다.

그러나 미국 중앙은행인 연방준비제도가 기준 금리를 올리면서 부동산 버블이 꺼졌고, 담보 주택들의 가격이 속절없이 추락했다. 모기지 대출금과 이자를 상환하지 못하는 저신용자들이 속출했으며, 대출금을 온전히 회수하지 못해 손실을 본 대형 금융회사들이 파산하면서 글로벌 금융 위기로 비화했다.

연관 개념어 신용 점수, 연방준비제도, 버블

순환 출자

circular ownership

한 기업(사람)이 상대적으로 적은 돈을 가지고 여러 주식회사를 거느리는 수법 가운데 하나가 순환 출자이다. 우리나라 대기업이 계열사에 대한 지배력을 높여 지배 구조를 유지하기 위해 동원한 변칙적 출자 방법이었다. 출자란 주식회사에 자본금을 납입해 주주가 되는 것을 의미한다.

예를 들어 A 계열사의 대주주가 A의 자본 일부를 B에 출자하면 이 대주주는 결과적으로 A뿐 아니라 B까지도 지배할 수 있다. 이제 B 계열사가 다시 C 계열사에 출자하고, C가 다시 A에 출자하는 순환 고리를 형성한다. 이렇게 하면 대주주는 A·B·C 계열사를 모두 장악할 수 있다. 굳이 대주주가 3개 회사 모두의 지분을 일일이 보유할 필요가 없기 때문에 적은 돈으로 여러 계열사의 지배권을 확보할 수 있다. 동시에 A 계열사의 자본금이 늘어나는 덤까지 얻는다.

순환 출자의 가장 큰 문제점은 대주주(또는 대기업 총수)가 실제로 투자한 돈에 비해 그 이상의 의결권을 불공정하게 갖는다는 데 있다. 즉, 지배 구조가 왜곡된다. 또한 한 계열사에 발생한 부실이 출자한 다른 계열사로 옮겨 가는 문제도 나타날 수 있다. 1997년의 외환 위기 당시 일부 재벌(기업 집단)이 쓰러진 원인 가운데 하나가 바로 순환 출자 때문이었다.

이에 우리나라는 공정거래법을 개정해 새롭게 순환 출자를 시도하는 행위를 금지했고, 일부 대기업이 화답하며 기존의 순환 출자 고리를 끊어내고 지주회사로 전환했다. 그러나 이미 형성된 순환 출자를 해소하는 데 필요한 천문학적 비용을 감당하기 힘든 일부 대기업의 순환 출자가 여전히 남아 있다.

(연관 개념어) **지주회사**

슈링코노믹스

shrinkonomics

통계청이 발표한 우리나라 장래 인구 추계에 따르면 사망자 수가 출생아 수를 넘어서는 데드크로스가 지속되면서 50년 뒤 인구가 3천만 명으로 줄어들 수도 있다. 인구 감소가 현실로 다가오면서 관련 신조어가 속속 등장하고 있다.

그 가운데 하나가 슈링코노믹스이다. 줄어든다는 뜻의 영어 슈링크shrink와 경제를 의미하는 영어 이코노믹스economics의 합성어로, 축소 경제 또는 수축 경제란 뜻이다. 한 국가의 경제 규모가 인구 감소로 인해 줄어드는 현상이다.

한 국가 경제의 허리 역할을 감당하며 생산 활동을 주도하는 15~64세 인구가 줄어든다. 그 결과 생산과 소득이 감소한다. 이에 따라 소비 감소, 투자 감소, 고용 감소 등 연쇄반응이 일어나 경제 전반의 활력이 떨어지고 경제 규모가 축소된다. 이러한 현상을 가리키는 개념어가 슈링코노믹스이다. 축소 경제가 현실화하면 물건을 구매할 소비자, 세금을 낼 국민이 줄기 때문에 심하면 경제 붕괴로 이어질 가능성이 있다.

슈링코노믹스 개념이 처음 적용된 국가는 일본이었다. IMF가 노동력 감소와 이에 따른 경제적 위축으로 시름하던 일본을 분석한 보고서에 처음 사용했다. 당시 일본의 합계 출산율은 1.2명대였다. 지금 우리나라의 합계 출생률은 이보다 훨씬 낮은 0.7명대 전후로, 세계에서 제일 낮다. 일본보다 더 가파르게 저출산 및 고령화의 수렁에 빠져들고 있다는 뜻이다. 슈링코노믹스는 일본보다 우리나라에 더 시급한 경제 현상으로 다가오고 있다.

최선의 처방은 근본적으로 인구 감소를 막는 것이지만, 노동시장에 참여하는 노동력을 확대하는 노력을 병행할 필요가 있다. 그 가운데 하나는 비경제활동 인구에 해당하는 사람들에게 다양한 형태의 일자리를 제공하여 경제활동 참가율을 높이는 방안이다.

(연관 개념어) 슈링크플레이션, 경제활동 참가율

슈링크플레이션

shrinkflation

인플레이션은 소득의 구매력을 떨어뜨리는 등 국민의 경제생활에 직접적이고 피부에 와닿는 영향을 미치므로 모든 사람의 관심사이다. 그래서인지 온갖 인플레이션 관련 합성어가 언론 보도에 꾸준히 오르내리고 신조어가 계속 생성된다.

슈링크플레이션은 축소하다[shrink]라는 뜻의 영어 단어와 인플레이션의 합성어로, 기업이 가격을 인상하는 대신 제품의 크기나 중량을 줄여 가격 인상 효과를 얻는 전략을 말한다. 가격 인상을 싫어하는 소비자의 반감을 피하기 위한 편법이라는 해석과, 정부의 물가 관리 압박을 회피하려는 고육지책이라는 해석이 병존한다.

스킴플레이션[skimpflation]도 맥락이 비슷한 용어이다. 음식이나 돈을 인색할 정도로 아낀다는 뜻의 스킴프[skimp]와 인플레이션의 합성어로, 기업이 재화나 서비스의 질을 떨어뜨리거나 재료 품질을 낮추어 소비자의 실질 부담이 커지는 현상을 일컫는다. 가령 식당이 추가 반찬을 주지 않거나 유료화한다든지, 주스 제조 업체가 과일 농축액 비중을 낮추는 것 등이다.

인플레이션을 초래하는 주된 요인을 명시하는 용어도 있다. 애그플레이션은 농업agriculture과 인플레이션의 합성어로, 농산물 가격이 급등해 발생하는 인플레이션을 말한다. 기상 악화로 농산물 작황이 부진하거나, 농산물 경작지가 감소하거나, 식량 자원화로 식량 수출이 중단될 때 애그플레이션이 발생한다. 2022년 러시아가 우크라이나를 침공함으로써 원자재와 곡물 가격이 폭등해 인플레이션이 발생하자 이를 푸틴플레이션Putinflation이라 부르기도 했다.

그린플레이션은 친환경을 상징하는 그린green과 인플레이션을 합한 용어이다. 친환경 경제로 전환하면서 전기차, 친환경 상품 생산에 필요한 재료나 부품이 원활하게 공급되지 않아서 발생하는 인플레이션을 나타낸다.

에코플레이션도 비슷한 의미로 쓰인다. 온실가스 감축, 온난화 방지 등 환경ecology에 대한 기준이 강화되면서 기업의 제조 원가가 상승해 물가가 오르는 현상이다. 그 밖에 밀크플레이션, 슈거플레이션 등도 있다.

인플레이션으로 어려움을 겪는 특정 부문을 지칭하는 신조어도 있다. 직장인들의 점심값 부담이 부쩍 커지면서 점심lunch과 인플레이션을 합한 신조어 런치플레이션이 등장했다.

베케플레이션은 휴가vacation와 인플레이션의 합성어이다. 유가가 상승하여 항공료나 주유비가 오르고 숙박 요금이나 관광지 음식료 가격도 들썩이는 등 여행 관련 비용이 비싸진 현실을 반영한다.

스크루플레이션은 나사를 조인다는 뜻의 스크루screw와 인플레이션을 합성한 신조어이다. 인플레이션으로 중산층의 삶이 힘들어지는 현상을 나사를 돌려 쥐어짜는 모습에 빗댔다.

연관 개념어) 인플레이션, 스태그플레이션, 초인플레이션

스태그플레이션

stagflation

전통 경제 이론에 따르면 경기가 활발해질 때 물가가 올라 인플레이션이 발생한다. 경기가 침체하면 물가도 안정된다. 즉, 경기가 침체할 때는 인플레이션이 심해지는 현상이 일어나지 않는다.

그런데 1970년대 세계 주요국은 경기 침체와 심한 인플레이션을 동시에 경험했다. 이 현상을 가리키는 스태그플레이션은 경기 침체를 뜻하는 스태그네이션stagnation과 인플레이션의 합성어이다. 스태그플레이션에서는 모두가 싫어하는 3종 악재인 저성장, 고실업, 고물가가 동시에 나타난다. 그래서 해당 국가의 경제 고통 지수가 매우 높아지고 국민의 경제생활이 피폐해진다.

스태그플레이션은 경제학에 새로운 과제를 던졌다. 경기 침체 문제를 해결하기 위해 확장 정책을 채택하면 가뜩이나 불안한 인플레이션이 더 심해진다. 이번에는 물가를 잡으려고 긴축 정책을 채택하면 경기가 더 나락으로 떨어진다. 따라서 이러지도 저러지도 못하는 경제정책 딜레마에 빠진다.

안타깝게도 스태그플레이션을 해결하는 결정적인 경제정책은 마땅치 않다. 경제의 생산성 향상이 최선의 해결책이지만, 경제정책으로 생산성 향상을 유도하기는 힘들다. 그래서 스태그플레이션이 엄습하지 않도록 예방하는 것이 최선의 정책이라는 결론에 이른다.

(연관 개념어) 인플레이션, 경제 고통 지수, 확장 정책, 긴축 정책

스튜어드십 코드

stewardship code

스튜어드십 코드는 주식을 보유한 연금기금, 자산 운용사 등 기관 투자자들이 해당 기업의 의사 결정에 적극 개입할 수 있도록 허용하는 제도를 말한다.

스튜어드steward는 주인의 재산을 관리하는 집사 또는 관리인이라는 뜻이다. 기관 투자자는 가입자가 맡긴 돈을 제대로 관리하고 가입자의 이익을 위해 충실하게 운용할 의무가 있다는 데서 유래한 용어이다.

어느 기업이 경영을 잘못해 가치가 훼손되면 해당 기업에 투자한 국민의 소중한 자산이 피해를 본다. 이때 기관 투자자가 주주권과 의결권을 적극 행사해 기업의 잘못된 경영을 시정하고 장기적으로 성장하도록 유도함으로써 고객 이익을 극대화해야 한다는 행동 지침이 스튜어드십 코드다. 스튜어드십 코드는 2010년 영국이 세계 최초로 도입했다.

우리나라에 스튜어드십 코드가 도입되기 전에는 정

기 주주총회 안건에 기관 투자자가 반대 의견을 피력한 비중이 3%를 넘지 않았을 정도였다. 국내 기관 투자자들이 기업 경영에 소극적이고 제한적으로 대응했다는 뜻이다.

우리나라에서는 규모가 가장 큰 기관 투자자로 성장한 국민연금의 스튜어드십 코드가 언론의 관심을 받는다. 스튜어드십 코드를 도입하기 이전에 국민연금은 배당 관련 사항에만 주주권을 행사하는 데 그쳤다. 그러나 2018년 스튜어드십 코드를 도입한 이후에는 임원 보수 등 여러 사안에 주주권을 행사하여 기업 경영에 대한 주주 활동을 강화했다.

민간 기업에 대한 정부의 영향력이 지나치게 커지면 기업 경영의 자율성이 침해받을 수 있다는 점에서 스튜어드십 코드에 반대하는 목소리도 있지만, 총수 일가의 전횡을 막고 투명한 지배 구조를 유도한다는 긍정적 효과도 기대할 수 있다. 일부의 반대에도 불구하고 스튜어드십 코드를 도입하는 기관 투자자가 꾸준히 늘고 있다.

양적 완화

quantitative easing

경기가 침체하면 중앙은행이 기준 금리를 낮춰 경기를 부양하기 위해 통화 정책이란 칼을 빼 든다. 하지만 금리를 0%에 가깝게 낮추어도 경기가 회복되지 않는 위중한 상황에 놓이기도 한다. 이때 대안으로 제시된 대책이 양적 완화이다.

양적 완화는 중앙은행이 돈을 찍어 국채를 무제한 사들이는 식으로 화폐를 시중에 직접 푸는 방안이다. 영어로 'QE'라고 하며, 화폐 공급량을 완화하여 늘린다는 뜻이다.

일반적으로 양적 완화는 기준 금리가 제로 금리 수준에 이르러 금리를 더 내리기 곤란할 때 사용하는 일종의 긴급 처방이다. 경제 버블이 붕괴된 이후 장기간의 경기 침체에서 벗어나지 못했던 일본이 고육지책으로 내놓은 방안이었다. 2013년 집권한 아베 신조 전 총리는 돈을 무제한으로 푸는 강력한 아베노믹스로 유명했다.

코로나19로 경기가 급속하게 침체했을 때도 여러 국가가 양적 완화 정책을 폈다. 하늘에서 돈이 펑펑 내리는 것처럼 시중 통화량이 늘어난 덕분에 경기가 회복하는 데 상당한 힘이 되었다. 경기 침체를 벗어나는 데 성공한 중앙은행이 다음으로 해야 할 과제는 비정상적으로 많이 푼 돈을 서서히 회수해 정상으로 되돌리는 일이었다. 그렇지 않으면 인플레이션이 엄습하기 때문이다.

긴급하게 풀었던 돈을 회수하는 출구 전략을 테이퍼링tapering이라고 한다. 테이퍼taper는 점점 가늘어진다는 뜻의 영어 단어로, 양적 완화 정책의 반동으로 통화량을 줄여나가는 양적 긴축 정책을 가리킨다. 긴급 처방으로 경제를 살리는 데 성공했으니 처방약을 줄여가며 부작용을 피하고 퇴원 절차를 밟는 것에 비유할 수 있다.

테이퍼링은 특히 신흥국에 큰 영향을 준다. 미국 등 선진국이 돈줄을 조이고 금리를 올리면 신흥국에 투자됐던 돈이 선진국으로 대거 빠져나가기 때문이다. 그러면 신흥국 내에서는 달러가 귀해지므로 환율이 오르고 주가가 하락한다.

연관 개념어) 통화 정책, 제로 금리 정책, 버블

연방준비제도

Federal Reserve System

각각의 국가에는 중앙은행이 있다. 우리나라의 한국은행처럼 해당 국가 이름이 들어가 있기 때문에 중앙은행 이름은 대체로 명백하다. 일본은행, 캐나다은행, 유럽중앙은행ECB 등이 그렇다. 한편 이름이 독특한 중앙은행도 있다. 영국은 잉글랜드은행(영란은행), 오스트레일리아는 오스트레일리아준비은행, 중국은 중국인민은행이다. 그래도 이 이름들에는 은행이란 단어가 포함되어 있어 혼동이 덜하다.

미국의 중앙은행 이름은 매우 특이하게도 연방준비제도이다. 줄여서 우리말로 '연준', 영어로는 'The Fed'로 부른다. 이름이 독특한 이유는 강력한 중앙정부를 피하고 연방 국가 제도를 선택한 역사적 배경이 있기 때문이다. 건국 이후 미국인들은 정치인과 중앙정부가 화폐 발행권까지 보유해서는 안 된다고 생각하고 권한을 분산했다. 특정 조직에 권력이 모이게 하는 대신 하나의 시스템

^(제도)으로 작동하도록 만든 결과가 연방준비제도이다.

연방준비제도는 민간 은행들이 주도한 연합 체제이므로 정부 기관이 아니라 사기업이다. 정부로부터 철저히 독립성을 확보하기 위해 형성된 결과이다. 다만 의회의 통제를 받는다. 미국의 중앙은행이지만 사실상 전 세계의 중앙은행이라 불릴 정도로 이곳의 정책 변화는 세계경제에 막강한 영향력을 행사한다.

한국은행에 기준 금리를 결정하는 금융통화위원회가 있다면 연방준비제도에는 연방공개시장위원회가 있다. 흔히 영어 약어 FOMC^{Federal Open Market Committee}로 부르는 이 위원회는 통화량을 조절하기 위해 공개시장에서 채권을 사고파는 공개시장 운영을 담당하며, 미국의 기준 금리인 연방 기금 금리도 결정한다.

연방공개시장위원회의 정례 회의는 1년에 8회 열리며 1박 2일 동안 진행된다. 미국 기준 금리가 세계 경제에 미치는 영향이 크므로 각국의 정부 관리부터 일반 투자자 그리고 금융회사에 이르는 모두가 회의 결과에 촉각을 곤두세운다.

연관 개념어 　**금융통화위원회, 기준 금리**

외환 보유고

foreign exchange reserves

불확실한 미래에 대비하기 위해 개인이나 기업이 비상금을 챙겨두듯이 정부도 비상금을 마련해둔다. 각국 정부가 예상하지 못한 경제 충격에 대비해 축적한 비상금이 외환 보유고 또는 외환 보유액이다. 보통 자국 중앙은행뿐 아니라 외국 중앙은행에 분산 예치해두었다가 필요할 때 찾아 쓴다. 우리나라는 1997년의 외환 위기 때 외환 보유고가 바닥을 드러냈고, IMF에 구제금융을 요청해 위기를 벗어났다.

자국 돈을 비상금으로 아무리 많이 갖고 있어도 받아주려는 곳이 없으므로 소용없다. 그래서 믿을 만하고 교환성 높은 자산으로, 특히 달러 같은 기축통화 중심으로 비상금을 비축한다. 이름이 '외환' 보유고인 이유가 여기에 있다.

그렇다고 해서 달러로만 비축하는 것도 불안한 일이다. 미국 경제도 변동성이 있으므로 외환 보유고도 적절하게 포트폴리오를 구성하는 것이 바람직하다. 우리나라의 외환 보유고는 유로, 엔 등의 외화뿐 아니라 금괴로도 구성되어 있다. 어느 국가의 화폐를 얼마씩 보유하고 있는지는 비밀 사항이다.

달러, 유로, 엔 같은 현금은 비상시에 즉시 사용할 수 있다는 장점이 있으나 이자를 벌지 못한다는 단점도 있다. 그래서 우리나라는 외환 보유고의 상당 부분을 비교적 안전한 미국 국채에도 투자하여 안전성과 함께 수익성을 추구하고 있다.

외환 보유고는 환율이 급등할 때 환율을 안정시키기 위한 재원, 은행이 해외에서 돈을 빌리기 어려워지는 위기 상황에서 중앙은행이 빌려주는 재원 등으로도 쓰이므로 외환시장, 더 나아가 경제의 안전판 역할을 한다. 그래서 외환 보유고가 많은 국가는 대외 신뢰도 측면에서 유리해진다.

(연관 개념어) 포트폴리오

인플레이션 조세

inflation tax

세금이 늘어나면 국민이 자유로이 쓸 수 있는 처분 가능 소득(가처분소득)이 감소하는 한편 정부의 수입이 증가한다. 경제에 인플레이션이 발생해도 비슷한 결과가 나타난다. 즉, 국민이 보유한 돈의 가치가 떨어져 실질적으로 가난해지는 동시에 정부는 갚아야 할 빚의 실질적인 상환 부담이 줄어들어 득을 본다. 이처럼 인플레이션이 국민의 현금이나 예금 같은 자산에 정부가 암묵적으로 부과하는 세금과 유사한 결과를 초래한다는 뜻에서 만들어진 개념이 인플레이션 조세(인플레이션세)이다.

한 국가의 최대 채무자는 개인도 기업도 아닌 정부이다. 경기를 부양하고 국민의 요구에 화답하기 위해 각종 명목으로 지출하다 보면 재정 적자와 국가 채무가 불어난다. 그렇다고 해서 세금을 많이 징수하려고 하면 강력한 조세 저항에 직면하고 정치적으로도 부담이 커진다. 그래서 정부는 화폐를 발행하여 재원을 마련하는 경향이 있다. 화폐 발행은 인플레이션의 원인이 되므로 궁극적으로 현금을 보유한 국민에게 세금을 부과한 것 같은 효과가 나타난다.

케인스는 정부가 인플레이션을 통해 비밀리에, 그리고 은밀하게 국민의 재산을 압수할 수 있다고 말했다. 역사적으로도 일부 국가들이 인플레이션 조세를 악용한 적이 있다. 이들 정부는 화폐를 발행하여 국민의 직접적 저항을 피하고 재정지출을 위한 돈을 마련했을 뿐 아니라 국가 채무의 실질 가치도 떨어뜨려 '일석삼조'의 이점을 누렸다. 정부가 상당한 화폐 주조 차익을 얻은 것이다. 이러한 현상을 방지하려면 화폐 주조권이 있는 정부가 이 소중한 권한을 남용하지 않는 분별력을 지녀야 하며, 국민이 정부를 철저하게 감시해야 한다.

(연관 개념어) **화폐 주조 차익**

제로 금리 정책

zero interest-rate policy

중앙은행이 기준 금리를 0% 또는 0%에 가깝게 낮추는 정책을 제로 금리 정책이라고 한다. 기준 금리 0%는 중앙은행이 이자를 받지 않고 시중은행이 필요한 만큼 자금을 빌려준다는 뜻이다. 물론 개인이 은행에서 돈을 빌릴 때는 이 수준보다 약간 높은 금리를 부담해야 하나 대출 이자 부담이 크게 줄어든다.

이러한 초저금리 정책의 취지는 소비와 투자를 촉진하여 경기를 살리려는 데 있다. 돈을 빌리는 데 이자가 거의 없으므로 부담 없이 대출받아 새 사업에 투자할 것이라는 기대에서 시행하는 정책이다. 개인도 은행에 예금하면 이자를 거의 받지 못하므로 차라리 그 돈으로 소비할 가능성이 크다.

제로 금리 정책은 몇 가지 부작용을 낳을 수 있다. 일반적으로 이자 소득에 의존하는 노년층의 이자 수입이 줄어들기 때문에 중·장년층을 중심으로 미리미리 소비를 줄이려는 동기가 생겨 소비 촉진 효과가 반감될 수 있다. 대출 비용이 무시할 만큼 적어지므로 레버리지를 활용한 부동산 투기가 성행하고 버블 경제가 나타날 가능성도 있다.

중앙은행이 제로 금리를 넘어 기준 금리를 0%보다도 낮게 만드는 마이너스 금리negative interest rate 정책을 펴기도 한다. 마이너스 금리라면 시중은행이 중앙은행에 돈을 예치하면서 이자를 받기는커녕 내야 한다. 맡기는 돈에 대한 보관료를 내는 셈이다. 시중은행이 수수료를 내면서까지 돈을 중앙은행에 예치하는 대신 기업이나 소비자에게 적극적으로 대출해주라는 취지이다. 은행에 있는 돈을 최대한 풀어 경기를 살리겠다는 의지의 표현이다. 스웨덴, 덴마크, 스위스, 일본이 마이너스 금리 정책을 도입한 바 있다. 물론 소비자가 시중은행에 예금하는 돈에는 마이너스 금리가 적용되지 않았다.

(연관 개념어) 기준 금리, 레버리지, 버블, 확장 정책

젠트리피케이션

gentrification

삼청동, 경리단길, 홍대 앞 거리 등 특정 지역이 개성 있는 분위기로 입소문을 타면서 방문객이 대거 유입되었다. 덕분에 이 지역 상점들의 매출과 이윤이 늘어났다. 이에 건물 주인들이 임대료를 크게 인상하자 비용을 감당하기 어려운 상점들이 해당 지역을 등지고 떠났다. 그 자리를 메운 것은 별다른 개성 없는 대형 프랜차이즈 업체들이었다. 전·월세로 거주하던 지역 주민들도 높아진 임대료 때문에 고통받기는 마찬가지였다.

이처럼 낙후된 지역이 개발되는 과정에서 고급 주택이나 대형 상업 시설이 자리를 꿰차는 현상을 젠트리피케이션이라고 한다. 덕분에 양질의 사회 기반 시설이 들어서고 환경이 개선되는 긍정적 측면이 있지만, 임대료 상승을 감당하지 못하는 지역 원주민과, 지역 활성화에 공헌한 초기 상점들이 쫓겨나는 부정적 측면도 있다.

낙후된 지역을 가꾸면서 발전시킨 사람들이 제대로

보상받지 못하고 쫓겨나며 부동산 소유주가 이익 대부분을 차지하므로 빈부 격차가 심해진다. 높아진 임대료를 감당할 새 임대인이 나서지 않아서 공실률이 높아지거나 대형 업체들이 그 자리를 점유해 지역 고유의 특색이 사라지는 문제도 나타난다.

조세 피난처

tax haven

세금을 전혀 징수하지 않거나 다른 곳과 비교할 수 없을 정도로 적게 부과하는 국가나 지역을 조세 피난처(조세 회피처)라고 한다. 이러한 정책을 펴는 이유는 세금 부담을 줄이려는 부자나 기업을 끌어들이기 위해서다. 세금을 물리지 않는 조건으로 기업을 유치해 그로부터 수입이나 이득이 파생되기를 기대한다.

예를 들어 아일랜드는 12.5%인 법인세율을 첨단 기술 기업에 한해 6.25%로 대폭 낮췄다. 이 혜택을 받으려면 5천 명 이상을 고용해야 한다. 구글, 애플, 화이자 등이 유럽 본사를 아일랜드에 설립해 세금을 줄이는 데 성공했으며, 그 대신 아일랜드는 고용 창출 효과를 거뒀다. 이렇다 할 비교우위 산업이 없는 소국 룩셈부르크가 세계 최고 수준의 일인당 국민총소득을 유지하는 비결도 다국적기업들에 조세 피난처를 제공하는 데 있다.

대부분의 조세 피난처는 사람들에게 이름이 잘 알려

지지 않은 작은 국가나 속령이다. 이를테면 안도라, 앵귈라, 아루바, 벨리즈, 버뮤다, 버진아일랜드, 케이먼제도 등이다. 이들은 보유 자원이 거의 없고 관광업이나 제조업으로 경제를 유지하기도 힘든 탓에 조세 피난처 역할을 통해 외국 자본의 활동을 유치하고 수수료 수입을 올려 경제를 유지한다. 외국 정부가 돈거래 관련 정보나 세무 정보를 요청해도 좀처럼 응하지 않는다.

세율이 높은 지역을 피해 조세 피난처에 회사를 설립하는 것 자체는 불법이 아니며, 합법적인 절세 수단이다. 다만 과세 당국의 단속이 미치기 어려운 점을 악용해 조세 피난처에 페이퍼 컴퍼니 등을 설립하고 돈세탁을 하거나 탈세를 저지르는 경우가 자주 발생해 문제가 된다. 페이퍼 컴퍼니는 관공서의 공문서에 합법적으로 등기되어 있으나 실체 없이 서류상으로만 존재하는 회사로, 대부분 탈세 창구로 쓰인다.

(연관 개념어) **일인당 국민총소득**

준조세

quasi-tax

기업이나 개인이 반드시 부담해야 하는 것은 세금만이 아니다. 법적으로는 세금이 아니지만 사실상 세금처럼 내야 하며, 실질적으로 조세와 성격이 같은 것들이 있다. 이러한 조세 성격의 금전적 의무를 통칭하여 준조세라고 한다. 그림자 조세라는 별명으로 불리기도 한다.

학문적으로 명확하게 정립된 개념은 아니지만 법정 부담금부터 시작해서 사회보험료, 기금 출연금, 수수료처럼 법적 부담 의무가 있는 것, 더 나아가 기부금이나 성금처럼 법적 의무는 없으나 자발적이라는 명분으로 사실상 부담이 강제되는 것까지 다양하다.

우리나라의 법정 부담금은 국민 건강 증진 부담금, 전력 산업 기반 부담금, 영화 상영관 입장권 부과금, 국제 교류 기여금 등 수십 종에 이른다. 이들은 특정 공익사업을 위해 정부가 국민과 기업에 부과하는 금전적 의무이다. 예를 들어 영화 관람객이 구매하는 영화표 1만 4천 원에는 420원^(풋값의 3%)의 법정 부담금이 포함되어 있다⁽²⁰²⁵

^{년 폐지 예정)}. 공항에서 출국하는 사람은 7천 원의 출국 납부금을 낸다. 기업은 부과된 준조세를 제품 가격에 반영해 실질 부담을 소비자에게 전가한다.

물론 준조세 가운데는 납부가 불가피한 5대 사회보험료인 건강보험료, 국민연금, 고용보험료, 노인장기요양보험료, 산재보험료의 비중이 높다. 문제는 목적과 근거가 불분명한 준조세가 여전히 많다는 점이다.

준조세가 문제시되는 이유는 정부가 마땅히 책임져야 할 공익사업 추진이나 정책 목표 달성에 대한 부담을 국민과 기업에 필요 이상으로 지우기 때문이다. 그리고 세법에 따라 엄격하게 통제받는 국세나 지방세와 달리 준조세는 법적으로 조세가 아니므로 부과하는 주체에 따라 재량권이 폭넓어서 방만하게 운용하는 경향이 있다. 소비자들은 자신이 돈을 내고 있는지조차 잘 모르기 때문에 납부 저항도 적다. 한마디로 '걷기도 쉽고 쓰기도 쉬운' 돈이어서 준조세는 정부에 매력적이다.

(연관 개념어) 조세의 전가

지주회사
holding company

지주회사는 다른 회사의 주식을 소유해 사업 활동을 지배하는 것이 주된 사업인 회사이다. 쉽게 말하면 다른 회사 주식을 소유해 경영권을 지배하는 회사이다. 지주持株란 주식을 갖고 있다는 뜻이다. 그래서 일부 지주회사는 ○○홀딩스holdings라는 식의 영어 이름을 쓴다.

지주회사는 다른 말로 지배회사 또는 모회사라고도 한다. 모회사의 지배 아래에 있는 회사들은 자회사가 된다. 또 자회사가 지배하는 회사들을 손자회사, 증손회사 등으로 부른다.

공정거래위원회는 순환 출자로 인한 문제점들을 해소하고 경영 투명성을 확보하기 위해 대기업에 지주회사를 도입하도록 권장하고 있다. 'A사→B사→C사→A사'로 얽혀 있는 순환 출자와 비교하면 지주회사의 지분 구조는 '지주회사→자회사들'처럼 피라미드 형태로 단순하다.

지분 구조가 단순해지면 몇 가지 긍정적 효과를 기

대할 수 있다. 경영과 사업을 분리함으로써 그룹 전체를 전략적으로 통제할 수 있으며, 문제가 생긴 특정 자회사만 구조 조정하기 쉽다. 자회사 가운데 하나가 실패하더라도 지주회사는 출자 범위 안에서만 책임지므로 다른 자회사들에까지 위험이 번지지 않는다는 것도 장점이다.

하지만 양지가 있으면 음지도 있는 법이다. 피라미드형 출자를 통해 대주주의 지배력이 과도하게 확장될 수도 있다. 그리고 순환 출자를 지주회사 체제로 전환하는 데는 상당히 많은 자금이 필요하다.

우리나라 대기업 가운데 최초로 지주회사를 설립한 곳은 LG이다. 독자적인 영업 활동을 하지 않는 순수 지주회사로서 LG전자와 LG화학 등 자회사에 지배권을 행사한다. 그 밖의 대기업 지주회사로는 삼성물산, SK, 롯데지주, GS, CJ, 한진칼 등이 있다.

연관 개념어 순환 출자

청년 실업률

youth unemployment rate

청년 실업률은 청년층에 한정하여 조사한 실업률을 가리킨다. 즉, 청년층 나이에 해당하는 경제활동 인구 가운데 실업자가 차지하는 비율이다.

우리나라 노동 통계에서 청년은 15세부터 29세에 이르는 집단을 지칭한다. 이 가운데 15~19세는 대부분 학생이며 20~24세 집단에도 대학생이 많으므로 진정한 청년 노동 상태는 25~34세 해당자를 살펴봐야 한다는 시각도 있다. 단, OECD는 15~24세를 대상으로 청년 실업률을 작성하므로, 청년 실업률을 국제적으로 비교하기 위해서는 나이 범위의 차이에 유념할 필요가 있다.

청년 실업 문제는 2가지 측면에서 특히 중요하다.

첫째, 청년은 학교를 갓 졸업했거나 졸업한 지 얼마되지 않은 젊은이다. 사회에 진출해 독자적인 경제 기반을 다지기 시작해야 할 나이에 일자리를 구하지 못한다는 것은 개인의 문제를 넘어 사회적으로도 심각한 자원

낭비이다.

둘째, 청년은 다른 연령대에 비해 유독 실업률이 높은 편이다. 선진국보다는 격차가 작지만, 우리나라의 청년 실업률 역시 전체 실업률보다 적어도 2~3배 높은 경향이 있다. 그래서인지 88만 원 세대, N포 세대, 헬조선, 열정 페이, 노예 계약, 니트족 등 청년들이 직면하는 냉혹한 노동 현실을 반영하는 부정적 표현이 끊임없이 생겨난다.

통계에 실업자로 잡히지 않는 취업 준비자들 대부분이 청년층이라는 점에도 유념해야 한다. 또한 높은 청년 실업률 때문에 졸업을 미루고 대학생 신분을 유지하는 젊은이도 상당수라는 사실도 고려해야 한다. 청년 일자리 부족은 단순한 수치 이상의 문제이다.

(연관 개념어) **실업률, 경제활동 참가율**

초인플레이션

hyperinflation

비정상적으로 심한 인플레이션을 초인플레이션 또는 하이퍼인플레이션이라고 한다. 비정상적으로 심한 정도에 대해 딱 부러진 정의는 없으나, 한 경제학자는 월간 물가 상승률이 50% 이상인 경우라고 정의한 바 있다. 초인플레이션 경제에서는 1년 사이에 물가가 보통 수십, 수백 배 이상 오른다.

초인플레이션은 대개 전쟁이나 혁명으로 사회가 크게 혼란하거나, 정부가 재정을 방만하게 운용해 화폐 공급을 남발할 때 발생한다. 정부가 화폐 공급을 남발하는 이유는 화폐 주조 차익을 얻으려는 욕심을 견제할 마땅한 장치가 없기 때문이다.

역사적으로 유명한 초인플레이션은 제1차 세계대전이 끝난 후의 독일^(당시 바이마르공화국)에서 발생했다. 패전에 따른 엄청난 배상금을 지불하고 전쟁으로 폐허가 된 경제를 살리기 위해 마구잡이로 발행한 화폐 때문에 1919~1921

년의 3년 사이에 독일 물가가 무려 1조 배 올랐다.

웬만한 남아메리카 국가들도 적어도 한 번씩은 초인플레이션을 겪었다고 할 수 있을 정도이다. 예컨대 경제 정책 실패의 후유증 때문에 1990년에 브라질은 2,700%, 아르헨티나는 2,300%를 넘는 초인플레이션에 노출됐다. 2018년에는 베네수엘라의 물가가 13만% 올랐다.

아프리카의 곡창지대로 불리는 짐바브웨의 물가도 2007년에 2억% 올라 세계를 경악시켰다. 속수무책이던 짐바브웨 정부는 자국 통화 발행을 중단하고 아예 미국 달러를 화폐로 지정하는 통화개혁을 단행했다.

초인플레이션이 주는 역사적 교훈은 분명하다. 정부의 오판은 무서운 결과를 초래할 수 있으며, 신뢰를 잃은 화폐는 언제든 휴지 조각으로 전락할 수 있다. 그로 인한 피해는 국민의 몫이다.

(연관 개념어) **인플레이션, 화폐 주조 차익**

치킨 게임

chicken game

치킨 게임은 게임이론의 한 종류로, 보통 두 사람(기업)이 끝장을 보자는 심정으로 극한 대치하는 상황을 일컫는다. 만약 두 사람이 끝까지 독한 선택을 고집하면 정면으로 충돌해 모두 엄청난 손실을 본다. 이것이 두려운 사람이 순한 선택으로 바꾸고 다른 사람은 원래의 독한 선택을 고수하면 선택을 바꾼 쪽이 지는 셈이다. 이때 지는 쪽을 겁쟁이라는 뜻의 치킨이라고 부른다. 반면 원래의 독한 선택을 고수한 사람 또는 기업은 게임에서 이기고 상당한 이익을 차지한다.

치킨 게임은 매와 비둘기 게임 또는 겁쟁이 게임이라고도 한다. 전력을 다해 싸우는 매와 최대한 싸움을 피하거나 타협을 선호하는 비둘기에 비유한 용어이다. 싸움에서 먼저 포기하는 쪽이 겁쟁이가 되며, 양쪽이 끝까지 치열한 싸움을 포기하지 않으면 모두 치명적인 피해를 보는 최악의 상황이 초래된다.

현실의 치킨 게임 사례로 메모리 반도체 분야에서 삼성전자와 외국 업체가 벌인 경쟁을 들 수 있다. 경쟁이 치열한 반도체 시장에서 삼성전자는 시장 점유율을 확대하기 위해 개당 이윤을 희생하면서까지 강경한 전략을 고집했다. 그 결과 외국 경쟁 업체들이 파산하거나 손을 들어야 했다. 삼성전자는 이 치킨 게임에서 승리하고 세계 메모리 반도체 시장을 지배할 수 있었다.

국가 차원에서도 치킨 게임이 발생한다. 1950~1970년대 냉전 시기의 미국과 소련의 끊임없는 군비 경쟁, 2020년대 들어 본격화된 미국과 중국의 양보 없는 무역 전쟁 등이 대표적이다.

연관 개념어) **게임이론**

탄소 국경세

carbon border tax

탄소 국경세는 탄소 배출 규제가 느슨하여 탄소를 많이 배출하는 국가가 배출 규제가 강한 국가에 수출하는 품목에 부과되는 관세이다. 탄소 배출이 많은 국가들에 일종의 벌금을 부과하여 이들이 생산한 제품의 수입을 억제하려는 시도이다. 이 제도는 EU와 미국이 주도적으로 추진하고 있다.

그동안 선진국들은 이산화탄소 등 배출 가스에 대한 규제를 대폭 강화해왔다. 그래서 선진국 기업들은 제품을 생산하면서 강력한 환경 규제를 받아왔다. 환경 규제에 맞추기 위해 각종 설비와 기술을 도입하면 결국 제품 생산비가 높아질 수밖에 없다.

반면 상대적으로 환경 규제가 약한 개발도상국의 기업들은 친환경적이지 않은 제품을 더 싸게 만들 수 있다. 일부 선진국 기업은 이 점을 노리고 환경 규제가 약한 개발도상국으로 공장을 이전했다. 이런 기업이 많아질수록 탄소 배출량을 줄이려는 시도는 효과가 줄어든다.

이 문제를 해결할 수단 중 하나로 떠오른 것이 탄소 국경세이다. 탄소 배출량이 많은 국가에서 생산한 제품을 배출량이 적은 국가가 수입할 때 그 차이에 해당하는 만큼의 관세를 부과하는 것이다. EU는 2026년부터 탄소 국경세를 전면 시행할 계획을 수립하고 탄소 국경 조정 제도CBAM를 도입한다고 발표했다.

탄소 국경세를 도입한 배경에는 지구의 환경을 보존하려는 선한 의도도 있지만, 강한 환경 규제를 적용받는 EU 또는 미국 내 기업의 피해를 줄이려는 의도도 있음을 부인하기 어렵다. 탄소 국경세가 도입되면 온실가스 배출량이 증가하는 중국이나 인도가 특히 큰 타격을 받는다. 탄소 배출량이 많은 제조업 제품을 수출하는 우리나라가 받을 영향도 무시할 수 없다. 특히 철강과 석유화학 업종의 수출이 큰 타격을 받는다.

그래서 개발도상국은 탄소 국경세 도입에 강하게 반발하고 있다. 탄소 배출과 관련해 역사적 책임이 있는 선진국이 이제 와서 개발도상국에 책임을 묻는 꼴이기 때문이다.

통화 스와프

currency swap

통화 스와프(通貨 스왑)는 은행, 기업, 국가가 환율 변동에 따라 손실을 볼 위험이나 차입 비용을 줄이기 위해 서로 다른 화폐의 원리금을 교환하는 거래를 말한다.

중앙은행들끼리 체결하는 통화 스와프는 일시적으로 외화가 부족해진 국가가 외화를 확보하고 환율을 안정시키는 수단으로 유용하다. 예를 들어 한국은행과 미국 연방준비제도가 통화 스와프를 체결한 후 우리나라에 달러가 필요해지면 한국은행이 원화를 주고 연방준비제도로부터 달러를 받는 식이다. 일정 기간이 지나면 우리나라가 달러와 이자를 되돌려주면서 원화와 이자를 돌려받는다.

1997년에 외환 위기를 겪은 우리나라는 외환 보유고를 넉넉하게 유지하기 위해 노력하고 있다. 그래서 추가 안전장치 중 하나로 여러 국가와 통화 스와프를 폭넓게 체결하고 있다. 외환을 보유하는 데도 관리비가 발생하는데, 통화 스와프에는 평소 관리비가 발생하지 않는다. 따라서 경제적이면서도 외환 부족 사태에 신속하게 대응할 수 있다는 장점이 있다. 통화 스와프 한도만큼 실질적 외환 보유고가 늘어나는 효과가 있기 때문에 체결만으로도 대외 신뢰도에 긍정적으로 작용하며 외환시장을 안정시킬 수 있다.

연관 개념어 선물, 연방준비제도, 외환 보유고

폰지 사기

Ponzi scheme

돈을 많이 벌려는 사람들의 욕망을 교묘하게 이용하는 투자 사기는 역사적으로 끊이지 않았다. 폰지 사기도 그 가운데 하나이다. 투자자들이 맡긴 돈을 수익성 있는 곳에 운용해 진짜로 돈을 버는 것이 아니라 다른 투자자에게 수익금 명목으로 지급하는 사기 방식이다. 이 사람 돈을 저 사람에게 주는 일종의 돌려막기 수법이다. 이런 점에서 다단계 사기와 별반 다르지 않다.

폰지 사기라는 용어는 1920년대 초에 이러한 형태의 사기를 저지른 이탈리아 출신 찰스 폰지Charles Ponzi의 이름에서 유래했다. 물론 그가 이 수법을 최초로 고안하지는 않았지만 사기 규모가 엄청나서 이후부터 폰지 사기로 불리기 시작했다.

수법은 단순하다. 정상적 투자로는 도저히 기대하기 힘든 고수익을 보장한다고 홍보하며 신규 투자자들을 유혹한다. 달콤한 말에 속아 투자한 사람들의 돈으로 다른 투자자들에게 수익금을 지급해준다. 새로운 투자금을 계속 모집할 수 있다면 폰지 사기를 지속할 수 있으나, 새 투자자를 계속 모으는 것이 현실적으로 불가능해지는 시점이 온다. 새로 유입되는 투자 자금이 수익금으로 지급해야 할 액수에 못 미치면서 투자 사기임이 드러난다. 사기꾼은 이미 돈을 빼돌리거나 잠적했기 때문에 피해자들이 보상받기도 힘들다.

폰지 사기의 특징은 상식적으로 이해할 수 없는 높은 수익률을 보장한다면서 돈을 어디에 어떻게 굴려 수익을 내는지를 제대로 말해주지 않는 것이다. 요즘도 그럴듯한 투자회사를 설립해 자금을 모집하고 실제 투자하는 것처럼 교묘하게 속이는 폰지 사기가 남아 있다.

버나드 메이도프Bernard Madoff라는 금융 사기범도 비슷한 수법을 활용했다. 그는 무려 4만 명에 가까운 사람으로부터 투자금을 모았는데, 글로벌 금융 위기가 닥치자 들통나고 말았다. 피해액은 72조 원에 달했다. 징역 150년형을 선고받은 그는 복역 중에 사망했다.

안전하면서도 고수익을 보장하는 이른바 '꿩 먹고 알 먹는' 투자는 애초에 불가능하고 헛된 신기루이다. 누군가 이런 말을 하면 믿지 않는 것이 최선이다.

풍선 효과

balloon effect

공기가 들어 있는 풍선의 한쪽을 누르면 그 옆부분이 튀어나온다. 어떤 문제나 현상을 인위적으로 억제하면 다른 곳에서 새로운 문제가 불거져 나오는 현상을 이 모습에 빗대 풍선 효과라 한다.

미국이 약한 단계의 마약으로 분류되는 대마초를 흡연한 사람들까지 모조리 감옥에 보내고 멕시코 갱단을 집중적으로 단속하는 초강경책을 펼친 적이 있다. 그런데 감옥에 갔다 온 마약 초범들이 갱단 조직원이 되고 마약 공급처가 멕시코에서 중남미의 여러 국가로 다변화되는 등 문제가 더 복잡해졌다. 이때 풍선 효과라는 용어가 처음 등장했다.

경제에서 풍선 효과는 주로 정부의 규제 조치가 의도하지 않았던 새로운 문제를 불러일으키는 현상을 뜻한다. 우리나라 사람들에게 제일 익숙한 사례는 부동산 시장의 풍선 효과다. 부동산 투기와의 전쟁을 선포한 정부가 강남 집값을 잡겠다며 매우 강력한 부동산 대책을 내놓자, 강남 집값이 안정되는 대신 수도권의 아파트 가격이 우후죽순처럼 오르는 부작용이 초래됐다. 이번에는 수도권 아파트값을 잡으려고 관련 대출을 규제하자 상가나 오피스텔로 부동산 수요가 몰렸다.

풍선 효과의 교훈은 명백하다. 목적이 아무리 선하더라도 단편적이고 성급한 규제로는 시장의 수요 및 공급의 힘을 누를 수 없다. 전체 현실에 대한 종합적이고 치밀한 그림 없이 눈앞의 특정 문제에만 집중하는 근시안적 정책은 새로운 문제를 낳을 뿐이다.

횡재세

windfall tax

횡재세는 정부 정책이나 대외 환경이 급변한 덕분에 막대한 이득을 본 기업의 초과 이윤 가운데 일부를 환원시키기 위해 기존 법인세 외에 추가로 부과하는 세금이다.

횡재windfall에 해당하는 영어 단어는 바람에 떨어진 과일을 뜻한다. 바람 덕분에 힘들이지 않고 과일을 얻었으니 횡재라고 할 수 있다. 마찬가지로 외부 환경 덕분에 기업이 우연히 초과 이윤을 얻은 것도 횡재라는 시각에서 횡재세라는 이름이 만들어졌다. 정식으로 표현하면 초과이윤세이다.

기업의 노력이나 혁신, 역량이 아니라 외부 상황 변화 덕분에 횡재했으니 세금을 더 많이 내라는 취지이다. 정부는 대개 횡재세로 조달한 재원을 사회 약자 등을 위한 재분배 정책에 사용한다.

횡재세의 역사는 생각보다 오래되었다. 제1차 세계대전 기간에 영국과 미국이, 그리고 제2차 세계대전 때는 미국이 전쟁 비용을 마련하기 위해 횡재세를 도입한 기록이 있다. 최근에는 러시아의 우크라이나 침공으로 에너지 가격이 폭등해 석유, 가스 등을 공급하는 에너지 업체가 큰 수혜를 입자 영국과 헝가리 등 일부 국가가 횡재세를 도입했다.

우리나라에서는 코로나19 이후 사상 최대 실적을 기록한 정유사와 은행에 횡재세를 부과해야 한다는 주장이 제기됐다. 정부 세수 확대와 소득 불평등 축소에 도움이 된다는 시각과, 이미 법인세에 누진세율이 적용되는 상태에서 횡재세까지 추가하는 것은 가혹한 이중과세이며 시장 원리에 부합하지 않는다는 시각이 맞서고 있다. 기업이 부담하는 준조세가 여전히 많으며 주주의 이익에 반한다는 우려도 있다. 또한 기업의 이윤이 증가한 원인이 정말 외부 상황 덕분인지가 명확하지 않을 수도 있다.

미국에서는 엄청난 재산을 가진 개인에게 억만장자세를 부과하자는 주장도 등장했다. 순자산 1억 달러가 넘는 슈퍼 부자에게 최소 세율 20%를 적용하자는 내용이다. 유럽의 부유세와 성격이 같다.

(연관 개념어) 누진세, 준조세

325

CBDC

central bank digital currency

인류가 오랫동안 돈으로 사용해온 현금은 도난당하거나 분실할 위험이 있고 소지가 불편한 탓에 보유 비중과 결제 비중이 눈에 띄게 줄고 있다. 대신 플라스틱 카드는 기본이고 각종 페이를 통한 결제가 급속도로 늘어나는 추세이다. 거래의 신속성과 편의성 측면에서 디지털 수단의 장점이 크므로, 이런 추세라면 지폐와 동전은 역사의 뒤안길로 사라지고 디지털 형태로 바뀔 가능성이 농후하다.

그래서 우리나라를 비롯한 주요국 중앙은행은 전자적 형태의 화폐를 발행하기 위해 준비하고 있다. 이처럼 중앙은행이 발행할 디지털 화폐를 CBDC 또는 중앙은행 디지털 화폐라고 한다.

종이나 동전 형태의 실물화폐와 달리 CBDC는 가치를 전자적으로 저장하며, 이용자 사이의 자금 이체 기능을 통해 지급 결제가 이루어진다. 암호 화폐와 비슷한 기술에 기반해 발행하지만, 암호 화폐와는 달리 중앙은행이 직접 발행하고 법으로 보장하므로 현재의 지폐처럼 법정통화(법화) 지위를 지니고 공신력이 담보된다. 중앙은행이 지폐와 동일하게 가치를 연계하므로 가치가 심하게 변동할 위험도 없다.

CBDC를 발행하기 위해서는 기술적으로나 법률적으로 해결해야 할 과제가 많다. 따라서 공식적으로 CBDC 발행을 개시한 국가는 아직 없으며, 관련 연구를 진행하면서 대비하는 단계이다. 한국은행도 국제적 흐름에 뒤처지지 않기 위해 CBDC를 연구하며 모의 실험을 하고 있다.

(연관 개념어) **가상 자산**

ESG

environmental, social, governance

ESG는 환경, 사회, 지배 구조의 영어 머리글자를 조합한 단어이다. 구체적으로는 기업의 친환경 경영, 사회적 책임, 투명한 지배 구조를 의미한다.

예전에는 이익이나 매출 같은 재무적 정량 지표로 우수한 기업인지 여부를 평가했다. 그러나 전 세계가 심각한 기후변화 위기에 직면하고 기업이 사회에 미치는 영향력이 증가하면서 기업의 사회적 책임에 대한 담론이 형성되기 시작했다.

이에 따라 ESG 같은 비재무적 지표가 기업의 실질적이고 장기적인 가치를 평가하는 데 더 중요하다는 인식이 확산했다. 지속 가능한 경영을 위해서는 금전적 수익뿐 아니라 환경을 고려하고 사회적 책무를 중시하며 지배 구조가 투명한 기업이 되어야 한다는 것이다.

첫째, ESG는 기업이 환경문제에 적극 대처해야 한다고 요구한다. 인류의 지속 가능성과 생존을 위해 기업은 과감하게 탄소 배출을 줄이거나 탄소 제로화를 추구함으로써 기후변화 문제에 적극 화답해야 한다. 환경오염 예방을 위해 에너지 효율성을 높이고 폐기물도 더 철저하게 관리해야 하며, 생물 다양성을 유지하는 등 생태계를 위해 힘써야 한다.

둘째, 사회 측면의 ESG는 기업이 인권 보장, 데이터 보호, 다양성 고려, 공급망 및 지역사회와의 협력 관계 구축에 힘쓰기를 기대한다. 이를 통해 사회적 책임을 다하는 기업이 고객의 신뢰와 지지를 얻을 수 있다.

셋째, 지배 구조 측면의 ESG는 기업이 환경과 사회에 대한 가치를 실현할 수 있도록 투명하고 신뢰도 높은 이사회를 구성하고 감사 위원회를 구축하도록 요구한다. 부정 청탁, 부정부패, 뇌물을 금지하고 기업 윤리를 철저하게 준수하는 기업이 투자자들의 신뢰와 존경을 받을 수 있다.

실제로 일부 투자자는 기업의 재무 성과뿐 아니라 지속 가능성과 ESG 경영 여부를 투자 결정의 기준으로 삼고 있다. ESG 경영을 하는 기업의 제품을 선호하는 소비자도 늘고 있다. 이와 같은 사회적 관심과 요구에 따라 ESG를 경영 전략에 도입하는 기업이 많아지고 있다.

EGS 경영에 관한 투자자와 소비자의 관심이 커지면서 그린워싱greenwashing 같은 문제도 생겨났다. 친환경을 상징하는 그린green과 진실 숨기기를 뜻하는 화이트워싱whitewashing의 합성어이다. 기업이 실제로는 환경보호 효과가 없거나 심지어 환경에 나쁜 영향을 미치는 제품을 생산하면서도 허위·과장 광고 등으로 친환경 제품처럼 위장 연출하는 전략을 말한다.

즉, 친환경 제품을 구매해 죄책감을 줄이려는 소비자들의 심리를 악용해 거짓된 환경 마케팅을 펼친다. 제품 생산과정에서 발생한 환경오염 문제를 숨긴 채 친환경에 해당하는 일부 과정만 부각하는 유형, 유기농이나 친환경 같은 용어를 남발하는 유형, 공인 인증 마크를 유사하게 흉내 내 부착하는 유형 등 다양한 위장술로 소비자를 기만한다.

G7/G20

Group of Seven/Group of Twenty

G7과 G20에서 G는 그룹^{group}을, 그 뒤의 숫자는 국가의 수를 나타낸다. G7은 산업이 발달한 7개 선진국의 모임이다. 주요 7개국, 선진 7개국 등으로 불리기도 한다. G7의 구성원은 미국, 일본, 독일, 영국, 프랑스, 이탈리아, 캐나다로, 이들 국가의 부는 전 세계 부의 60%에 이른다. EU 대표도 G7에 초대받아 비공식적으로 회의에 참석한다.

1973년 제1차 석유파동이 발생하면서 G5로 시작했다가 1975년에 이탈리아, 1976년에 캐나다가 가맹하면서 G7으로 확대됐다. 경제 선진국이자 강대국인 7개 국가의 정상이 모여 국제사회의 현안을 놓고 연례 회의를 개최하지만, 강제적 수단이 없어 제 역할을 하지 못해 정상들의 친목 모임에 불과하다는 비판을 받는다.

G7의 영향력이 과거보다 크게 약해지고 우리나라, 오스트레일리아, 브라질 같은 신흥국의 국력이 강해지자 G7만으로는 세계 정세를 논할 수 없는 한계에 이르렀다.

이런 상황에서 아시아를 강타한 외환 위기가 결정적 계기가 되어 1999년부터 G20로 국가 수가 대폭 확대됐다.

G20는 기존 G7에 우리나라, 중국, 인도, 러시아, 오스트레일리아, 브라질, 멕시코, 인도네시아, 사우디아라비아, 튀르키예, 아르헨티나, 남아프리카공화국, EU가 더해진 모임이다. 최근에는 아프리카 연합[AU]까지 정식 회원국이 됨으로써 19개 국가와 2개 국가 연합으로 구성되었다. 엄밀히 말하면 G21이 된 셈이다. 국내총생산 규모 기준으로 세계 20위 안에 해당하는 국가 가운데 스페인, 네덜란드, 스위스는 빠져 있다.